Police Visual Series

ヴィジュアル法学

事例で学ぶ

警職法 新装版

警察行政研究会＝編
山口かつよし＝作画

東京法令出版

はしがき

警察官職務執行法は、警察官の権限を規定している各種法規のなかでも、最も基本的な法律です。したがって、すべての警察官は本法の内容を正しく理解してこれを自分のものとし、日常の執行務に当たらねばなりません。

ところで、警察官職務執行法に関しては、従来から、多くの解説書が上梓されていますが、これらは、法律の解説という性格から、堅苦しいものが多く、若い警察官が片手間に、気軽に手をのばして読むというようなものではなかったように思います。

それならば、「若い警察官が、思わず読んでしまいたいという意欲をそそられるような解説書を作ろう」というのが、本シリーズ企画の発端です。

分かりやすい具体的事例をベースにしよう、見て理解できる漫画を採り入れよう、解説はポイントだけに絞って平易にしよう、などといろいろ工夫を重ねてみました。手元に置いて、休憩時間などに気軽に捲(めく)って読める……、そんな友達のような解説書が本書の目指すところです。

　本書が、若い警察官の方々に、少しでもお役に立つことができれば幸いです。

平成二一年六月

警察行政研究会

目次

はしがき……3
第一条　この法律の目的……11
1　警職法の目的……12
2　実力行使の限界……16
3　警職法の準用……19

第二条　質問　23

4　職務質問の意義……24
5　職務質問の対象……27
6　停止の意義……30
7　停止行為の限界（Ⅰ）……33
8　停止行為の限界（Ⅱ）……36
9　追跡行為……39
10　質　問……42
11　所持品検査……44
12　所持品検査の限界……47
13　同行要求……51
14　凶器の捜検……54
15　自動車検問の根拠……58

第三条　保　護　61

16　保護の意義……62
17　他の法律の保護との相違……65
18　保護の対象……68

19 保護の手段 …… 71
20 保護の延長・通知 …… 74

第四条　避難等の措置 …… 77

21 避難等の措置の意義 …… 78
22 危険な事態 …… 81
23 避難等の手段 …… 84
24 避難等の対象者 …… 88
25 報　告 …… 90

第五条　犯罪の予防及び制止 …… 93

26 警告・制止の意義 …… 94
27 警告の要件 …… 97
28 警告の限界 …… 99
29 制止の要件 …… 102
30 制止の限界 …… 105
31 警告・制止の対象 …… 108
32 集会・集団行進等の規制 …… 110

第六条　立入　113

33　立入りの意義……114
34　立入りの要件……116
35　危険時の立入り……119
36　公開の場所への立入り……121
37　立入りの限界……124
38　他の法律による立入りとの関係……126

第七条　武器の使用　129

39　武器使用の意義……130
40　武器使用要件……132
41　加害要件……135
42　武器使用の対象……138
43　武器使用の必要性……141
44　武器の意義……144
45　武器の所持携帯……146
46　武器使用の形態……148
47　武器使用の限界……150

48　警棒の使用……153
第八条　他の法令による職権職務……155
49　他の法令による職権職務……156

凡　例

本書において使用した法律名の略称は、次のとおりである。

警職法
警察官職務執行法

刑訴法
刑事訴訟法

酩規法
酒に酔つて公衆に迷惑をかける行為の防止等に関する法律

銃刀法
銃砲刀剣類所持等取締法

風営適正化法
風俗営業等の規制及び業務の適正化等に関する法律

第一条　この法律の目的

（この法律の目的）

第一条　この法律は、警察官が警察法（昭和二十九年法律第百六十二号）に規定する個人の生命、身体及び財産の保護、犯罪の予防、公安の維持並びに他の法令の執行等の職権職務を忠実に遂行するために、必要な手段を定めることを目的とする。

2　この法律に規定する手段は、前項の目的のため必要な最小の限度において用いるべきものであつて、いやしくもその濫用にわたるようなことがあつてはならない。

1　警職法の目的

A巡査は早朝、管内の駅前商店街通りを警ら中——
キッ
おまわりさん！
甲交差点の道路上で酔っ払いが座り込み、大声でわめいて通行車両が大変危険で困ってますよ。
そうですか。
A巡査は甲交差点へ急行。
パパーッ
車でもなんでも来やがれ、馬鹿野郎！
甲交差点は通行車両も多く、通行車両は交差点中央部に座っている男を避けて徐行運転、交通上、大きな障害となっていた。
ヒック
パパーッ
このままでは交通の危険性はもちろんのこと
この男の生命、身体も危険だ。
キミッ！
ウィ～ック
酒臭くてろれつも回ってない。泥酔状態か——
ここは上司の指揮を仰いでないが、警職法三条の規定により、保護するしかないな。
A巡査は男に手を貸し歩道上に誘導。
バッキャロー！
ヒック
男はA巡査の手を振り切り、交差点上に再び座り込もうとしたので、

A巡査は男の両肩に手を差し込みこれを制止。
パトカーの応援を求め、乗務員の協力を得て本署に搬送、保護室において保護した。
保護室

キーポイント

① 警職法は、警察官の権限に関する一般法か
② 「保護」を行うに当たって、上司の指揮を受けることなく、個々の警察官の判断で「保護」という警察権限を行使できるか
③ 警察官は、「保護」という任務を達成するため実力を行使することができるか

警職法の目的

　警職法は、警察官がその責務達成のために行うことが必要な強制活動について、根拠を設けるとともに、日常的に行われる任意活動についても、その要件等を明らかにすることにより、個人の人権を十分守りつつ、警察の目的である個人の生命等の保護と公共の安全、秩序の維持を図ることを目的として、制定（昭和二三年七月一二日法律第一三六号）されたものである。

　警職法は、全部で八箇条からなり、第一条で目的を規定し、第二条から第七条までで質問、保護、避難等の措置、犯罪の予防・制止、立入り及び武器の使用という警察官の権限をそれぞれ規定している。

　また、第八条では、警察官がこの法律の規定によるほか、他の法令に基づく職権職務を遂行すべきことを定めている。これは、この法律が警察官の権限に関する一般法であって、これによって警職法以外の警察官の権限が失われるものではないことを明らかにし、また、警察官がそれらによる職権職務を忠実に遂行すべき立場にあることを念のために規定したものである。

　警職法第一条第一項は、「警察官が警察法に規定する個人の生命、身体及び財産の保護、犯罪の予防、公安の維持並びに他の法令の執行等の職権職務を忠実に遂行するために、必要な手段を定める」ことを同法の立法目的として明らかにしている。「個人の生命、身体及び財産の保護、犯罪の予防、公安の維持」とは警察法第二条の警察の責務を意味し

ている。

　なお、警察法第二条第一項と異なり「（犯罪の）鎮圧及び捜査、被疑者の逮捕、交通の取締」が例示として明記されていないが、これらはいずれも「公安の維持」に含まれているのであって、特にこの法律の権限行使の目的から除外されたものではない。

　「他の法令の執行」とは警察法第二条の警察の責務の範囲の内外を問わず警察官に権限を与え、あるいは職務を行うことを求めたあらゆる法令を警察官が執行することを意味する。

　すなわち、警職法は、警察官がその権限、任務とされたことを行う上で一般的に用いられる手段を規定することを目的としたものである。

　したがって、A巡査が、泥酔者の生命、身体を保護するという責務を達成するため、「保護」という権限行使を行ったことは適法妥当な行為である。

即時強制

　警職法は、警察上の手段を定めたものである。警察上のというのは、警察法の定める警察機関の意味であり、警職法の規定の大部分は、警察機関に属する個々の警察官の権限として定められている。

　一般に執行機関は、行政庁の命令を受けて、その意思を執行するものであるから、その執行行為は行政庁の意思決定を前提とするのが原則であり、即時強制の必要はない。

　しかし、警察は警察法第二条に定める警察の責務達成上、多くの場合に即時強制を行うことが必要となっており、警職法は、個々の警察官の判断によって即時強制の手段をとり得ることを定めている一般法である。

　したがって、A巡査が、泥酔者の生命、身体に危険が差し迫っているため、上司の指揮を受けることなく、自らの判断で保護するという即時強制に属する権限を行使したことは適法である。

保護のための実力行使

　警職法は、警察上の手段を定めたものであり、警察の職務を遂行するために用いる手段について規定したものである。

　警察法は、主として組織法としての性格を持っているが、同時に権限に関する基本的な条項も置いている。しかし、それはいずれも任意的又は事実行為的な警察活動の根拠たるにとどまり、直ちに権利義務を規制し、あるいは強制を行う場合の根拠にはならない。

国民に法律上の義務を課したり、実力をもって自由を制限して警察目的を実現するには、警察法以外の特別の法規の根拠を要する。国民に義務を課したり、それを解除したりする警察下命、警察許可等の行政処分の根拠としては、道路交通法、質屋営業法等その他の行政取締法規がある。

これに対し、警職法は、警察目的を実現する手段のうち、主として目前急迫の障害を除く必要上義務を命ずるいとまのない場合に、又はその性質上、義務を命ずることによってはその目的を達しがたい場合に、直接に人の身体又は財産に実力を加えて、警察上必要な状態を実現する即時強制の手段を定めたものである。また、任意手段については、そのうち重要なものについてそれを警察官が用いる場合を明確にするための規定を置いている。

警職法上、強制手段を定めたものとしては、逮捕時の凶器捜検（二条四項）、精神錯乱者、泥酔者の保護（三条一項一号）、危険な事態における措置（四条一項）、犯罪の制止（五条）、危険時の立入り（六条一項）、武器の使用（七条）がある。

一方、任意手段を定めたものとしては、質問（二条一項）、同行要求（二条二項）、迷い子等の保護（三条一項二号）、危険な事態における警告（四条一項）、犯罪予防のための警告（五条）がある。

したがって、A巡査が、泥酔者の生命、身体に危険が差し迫っている状況下において、その危害を防止するため、実力を行使して危険な行為を制止するとともに、本署に搬送して保護室に保護するなどの実力を行使したことは適法である。

Reference

即時強制の意義

行政機関が、国民の義務とは無関係に国民の身体・財産に直接実力を行使し、行政目的を達成しようとすることである。緊急の必要があって事前に国民に義務を課す余裕がない場合、義務を課すべき相手方が分からない場合などのほか、ことがらの性格上行政機関が直接実力を行使することが必要な場合に行われる。即時強制は、国民の義務の不履行を前提としないで国民の身体・財産に直接実力を行使するものであるから、一般的に認められるものではなく、国民の生命・身体・財産の保護の上で緊急の必要がある場合など、それを行うだけの高い公益性がある場合に限られること、行政機関がこの権限を濫用してはならないとされていることはいうまでもない。即時強制としてどのようなことを行うことができるかは、その根拠規定の定めるところによるが、必要な限度を超えた有形力の行使は許されない。

2　実力行使の限界

A巡査は午後8時頃、管内の繁華街を警ら中、携帯無線機で「○○署管内、本町一番四号、スナック『ユキ』において若い男同士のけんか発生。現在『ユキ』前の路上において殴り合っている。近くの警戒員にあっては現場に急行願いたい」との一一〇番指令を傍受。現場が自署管内で警ら地点から近いため、現場へ急行した。

警察だ　けんかは　やめろ!

やめるんだ!

分かりました。

おまわりは口出すな!

ドン
次はお前だ!

A巡査の仲裁に学生風の男甲は応じたが、一見やくざ風の男乙は応じるどころか、A巡査の肩を突き飛ばし、さらに暴力をもって執ように積極的な攻撃をしかけてきた。A巡査は、自己の保身とけんかの制止の手段として払い腰で乙を投げ飛ばし、
オリャーッ!

逮捕術の後ろ固めで乙を制圧した。乙は、A巡査に投げ飛ばされた際、足が路面に当たり、左足首に擦り傷を負った。

イテテ!

キーポイント

① A巡査が乙を柔道の払い腰で投げ飛ばした行為は、犯罪の予防及び制止の限界を超えた権限濫用に当たらないか

② A巡査が乙を投げ飛ばした際、乙の左足首に擦り傷を負わした行為は傷害罪に問われるか

警察活動を規制する原理

警職法第一条第二項は「この法律に規定する手段は、前項の目的のため必要な最小の限度において用いるべきものであつて、いやしくもその濫用にわたるようなことがあつてはならない。」と規定し、権限の濫用を禁止している。

日本国憲法の基本的人権の尊重という立場から、国民に対する権利・自由の制限、義務付けは必要最小限度でなければならないことは当然のことであり、必要な限度を超えて権限を濫用することは、この規定の有無にかかわらず許されない。また、直接国民に対して権利・自由を制限するものでなくとも、国民に負担をかける活動は、必要な限度を超えてはならないのである。

本項については、従来は、警察の活動に関する「警察権の限界」論のうち、「警察比例の原則」を規定した典型的なものであるとして主張されていた。しかし、日本国憲法に基づく現在の法制の下では、「法治主義の原則」が徹底され、国民の権利・自由を制限する行政機関の活動はすべて法律の具体的規定に基づいて行われることとなっているので、その限界は、原則として個々の法律の規定とその解釈及び憲法上の基本的人権尊重の原理に基づく制約によって定められるのであって、これまでの「警察権の限界」論による制限が適用される余地はない。

本項の「前項の目的のため必要な最小の限度」とは、警察権の発動は本条第一項に列挙された個人の生命、身体及び財産の保護、犯罪の予防、公安の維持、他の法令の執行等の職権職務を忠実に遂行するに当たっての障害を除くために、必要な最小限度にとどまらなければならないことを意味する。軽微な社会上の障害を除くためには、それに必要な限度の権利・自由の制限だけが許されるのであって、必要の程度を超えて国民の権利・自由を制限することは違法となる。また、「その濫用にわたるようなことがあつてはならない」とは、警察権が社会公共の秩序を維持するため、国民の権利・自由を制限することを本質とするものであるから、これを濫用することは、直ちに憲法の保障する国民

の基本的な権利・自由を違法に侵すことになるので、その濫用は厳に戒めなければならないものであることを特に注意的に規定したものである。

警職法に基づく警察権の行使が濫用されたものであるかどうかは、①第一条に定める目的のために行われたかどうか、②各条に定める権限行使の要件、態様及び程度に適合しているかどうか、③憲法の人権尊重主義から生ずる諸原則に適合しているかどうか―によって判断される。

そして、これらの要件に適合した職権の行使は、違法なものではないから、たとえ相手方の権利・自由を侵害しても、行政上の責任（地方公務員法二九条による懲戒責任）、民事上の責任（国家賠償法一条二項による求償権）、刑事上の責任（刑法一九三条等の職権濫用に関する罪）を問われることはない。

設例における実力行使の限界について考察してみると、A巡査が乙を柔道の払い腰で投げ飛ばした行為は、警職法第五条（犯罪の予防及び制止）に定める要件、態様、程度及び法の制約の範囲内でその権限を行使したものであり、権限濫用に当たらない。警察官が相手方の権利・自由を侵害することがあっても、それが警職法各条に定める要件、態様、程度及び憲法上の基本的人権尊重の原理に基づく制約の範囲内でその権限を行使したものである限り、それは正当なものである。

判例も、「人の身体に危険を及ぼす虞のあるけんかの場合、けんかの一人が巡査の口頭による制止をきかず執ように積極的な攻撃をするのに対して同巡査が払い腰で数回投げ倒し、一時抑えつけて起き上がれないようにした程度の実力的措置は、保身を兼ねたけんか制止の手段として適法かつ妥当である。」（東京高判昭三二・三・一八）としている。ただし、これは、警察官に積極的な攻撃をしてきたという事実関係を前提とし、自己保身を兼ねたものとして認めたものであり、ここまで一般的に認められるとはいえない。

正当な業務による行為

警職法に基づく警察手段を行使するのは、社会公共の秩序を維持するという警察目的実現のため必要なことである。すなわち、それは刑法第三五条にいう「法令又は正当な業務による行為」であり、たとえそれが犯罪構成要件に該当しても、違法性が阻却されて犯罪にはならない。

したがって、設例においてA巡査が乙の行為を制止するため、乙を投げ飛ばし、乙の左足首に擦り傷を負わせたとしても、A巡査の行為は制止の限界を超えない正当な行為であるから、違法性が阻却され、犯罪を構成しない。

3 警職法の準用

水上警察署のA巡査は、日勤日に自署の水上艇に乗船し、湾内を船舶警ら中、二隻の舟艇が絡み合うような異常な行動をとっているのを発見した。
A巡査の乗った水上艇は赤色灯をつけ、現場に急行。
あさかぜ
二隻の舟艇のうち、逃げるように回っている船は、一見漁船風で、これを追いかけるようにしているのは海上保安本部の巡視船『あさかぜ』と判明。
漁船風の船は、A巡査の水上艇が接近するや、急に船首を外洋に向けるとともに、
いきなり『あさかぜ』に拳銃を発砲しながら逃走。
停船しなさい。
応じない場合は発砲する。
漁船風の船は、巡視船上の海上保安官の警告に従わず逃走し続けていたので、
海上保安官は拳銃を空に向け、二発威嚇射撃をした。
後で判明した事実によると、
当日『あさかぜ』は、湾内において、情報に基づき拳銃密輸船の取締りに従事していたことが判明。

キーポイント

① 海上保安官の武器使用に関する法的根拠はなにか
② 警職法を警察機関以外に準用しているものはあるか

海上保安官と警職法

刑訴法のもとにおける捜査機関には検察官、検察事務官及び司法警察職員がある。そして司法警察職員には、警察官のような一般司法警察職員（刑訴法一八九条）と呼ばれるものと、森林や刑事施設などの特別の事項について司法警察職員として職務を行う特別司法警察職員（刑訴法一九〇条）とがある。

特別司法警察職員は、一般司法警察職員とは異なり、犯罪の捜査を本来の職務としないが、その職務が法令の励行や監察に関する場合に、その本来の職務を行うに当たり発見した犯罪を捜査させるのを相当とするもので、森林や刑事施設などの特別の事項について司法警察職員として職務を行うものである。

現在、特別司法警察職員には、司法警察職員等指定応急措置法により指定されたものと、特別法によって設けられるものとがあり、海上保安官は特別法に基づくものである。

海上保安官は、海上保安庁法第一四条に基づいて置かれる職員（公務員）で、同法第三一条に基づき刑訴法の規定による司法警察職員として職務を行うことができる。

海上保安庁は、法令の海上における励行、海難救助、海洋汚染等の防止、海上における船舶の航行の秩序の維持、海上における犯罪の予防及び鎮圧、海上における犯人の捜査及び逮捕、海上における船舶交通に関する規制、水路、航路標識に関する事務その他海上の安全の確保に関する事務並びにこれらに附帯する事項に関することを所掌事務としている（海上保安庁法二条）。海上保安官は、これらの職務を行うため、武器を携帯することができ（海上保安庁法一九条）、武器の使用については警職法第七条が準用されている（海上保安庁法二〇条）。

したがって、設例における海上保安官の行為は、権限行使の対象、要件、態様、程度等において正当な職務行為であり、武器の使用に関しては海上保安庁法第二〇条が法的根拠となる。

準用の態様

警察機関以外に、自衛隊その他の機関が警察的な活動を行う場合があるが、その場合については、警察権限の一般法である警職法が準用されている。

準用の態様は異なるがその限りで警職法は、自衛隊等の活動の根拠法規の役割を果たしている。準用の態様は次のとおりである。

(1) **警職法の全部が準用されるもの**

○ 命令による治安出勤又は要請による治安出勤を命ぜられた自衛隊の自衛官（自衛隊法八九条一項）

○ 防衛出動を命ぜられた自衛隊の自衛官（自衛隊法九二条二項）

(2) **警職法第四条並びに第六条第一項、第三項及び第四項の規定が準用されるもの（警察官がその場にいない場合に限る。）**

○ 災害派遣を命ぜられた部隊等の自衛官（自衛隊法九四条一項）

(3) **警職法第七条の規定が準用されるもの**

○ 海上における警備行動を命ぜられた自衛隊の自衛官（自衛隊法九三条一項）

○ 部内の秩序維持の職務に専従する自衛官（自衛隊法九六条三項）

○ 麻薬取締官及び麻薬取締員（麻薬取締法五四条八項）

○ 海上保安官及び海上保安官補（海上保安庁法二〇条）

Reference

特別司法警察職員の官名等と根拠法令

① 刑事施設の長、刑事施設の職員――刑事収容施設及び被収容者等の処遇に関する法律二九〇条

② 森林管理局署の職員――措置法一条、勅令三条四号、四条四号

③ 船長その他の船員――措置法一条、勅令六条

④ 皇宮護衛官――警察法六九条三項

⑤ 狩猟取締の事務を担当する都道府県職員――鳥獣の保護及び管理並びに狩猟の適正化に関する法律七六条

⑥ 労働基準監督官――労働基準法一〇二条等労働関係法令

⑦ 船員労務官――船員法一〇八条

⑧ 海上保安官、同保安官補――海上保安庁法三一条

⑨ 麻薬取締官、麻薬取締員――麻薬取締法五四条五項

⑩ 鉱務監督官――鉱山保安法四九条

⑪ 漁業監督官、漁業監督吏員――漁業法一二八条五項

⑫ 自衛隊の警務官、警務官補――自衛隊法九六条一項

(注)「措置法」は、「司法警察職員等指定応急処置法」をいい、「勅令」は、「司法警察官吏及司法警察官吏ノ職務ヲ行フヘキ者ノ指定等ニ関スル件」をいう。

（質問）

第二条　警察官は、異常な挙動その他周囲の事情から合理的に判断して何らかの犯罪を犯し、若しくは犯そうとしていると疑うに足りる相当な理由のある者又は既に行われた犯罪について、若しくは犯罪が行われようとしていることについて知つていると認められる者を停止させて質問することができる。

2　その場で前項の質問をすることが本人に対して不利であり、又は交通の妨害になると認められる場合においては、質問するため、その者に附近の警察署、派出所又は駐在所に同行することを求めることができる。

3　前二項に規定する者は、刑事訴訟に関する法律の規定によらない限り、身柄を拘束され、又はその意に反して警察署、派出所若しくは駐在所に連行され、若しくは答弁を強要されることはない。

4　警察官は、刑事訴訟に関する法律により逮捕されている者については、その身体について凶器を所持しているかどうかを調べることができる。

4　職務質問の意義

一か月前から、管内の住宅街にあるアパートを対象とした忍び込み事件が多発していたことから、A巡査は、
当番勤務の就勤前、忍び込み事件の犯人像の情報を入手すべく、刑事課に立ち寄った。『刑事課だより』の目撃証言によると——
刑事課
被害当日の昼間、被害アパートの前で「年齢30歳位で髪をボサボサにした顔の角張った身長160cm位の男が、被害アパートの周囲をキョロキョロしていた」という証言があるのか……
刑事だより
A巡査は午前1時20分頃、被害発生が予想されるアパート付近を警ら中、同アパートの入口で、
アパートの様子をうかがっている男を発見した。
その男が、その挙動や時間、場所からみて不審であったため、声をかけた。
もしもし、何をしているのですか？
!!
忍び込み事件の犯人に酷似しているぞ!!
A巡査は、男が事件の犯人ではとの疑念を感じ、更に職務質問により、その疑念を晴らすため不審点を追及することとした。

キーポイント

① 職務質問とはなにか
② 警察官は不審者を発見した場合、職務質問を行わなければならないか

職務質問の意義

警職法第二条（質問）は、警察官の権限として、第一項で質問権、第二項で同行要求権、第三項で強制の禁止、第四項で凶器の捜検について規定している。

警察官が、警察法その他の法令に定める職務を行う場合、犯罪を捜査、予防、鎮圧する立場から、犯罪に関連のある異常な状態にある特定の者に質問し、あるいは同行を求める必要のあることは当然認められるべきことである。

本条は、これらの手段を定め、もって犯罪の予防及び犯罪捜査に資することにより、公共の安全と秩序の維持という警察の責務を達成しようとするものである。

本条第一項は、「警察官は、異常な挙動その他周囲の事情から合理的に判断して何らかの犯罪を犯し、若しくは犯そうとしていると疑うに足りる相当な理由のある者又は既に行われた犯罪について、若しくは犯罪が行われようとしていることについて知つていると認められる者を停止させて質問することができる。」と定め、質問権及びその要件について規定している。

「質問」とは、特定の者に問を発して、警察官がその疑念を晴らし、あるいは警察の責務達成上必要なことを了知することで、これによって、犯罪の発生を予防し、あるいは犯罪の捜査をすることである。

この職務質問は、第一項の本文にあるとおり、警察官が挙動又は時間的、場所的に考えて異常であり不審であると合理的に判断した者などを発見して、その現場において質問することである。

したがって、不審と思われる者を任意に呼び出して事情を聞いたり、それらの者の家に行って不審な点を聞きただすことは、ここでいう職務質問ではない。

また、一般通行人と何ら異ならない者などのように、職務質問ができる要件を全く欠く場合は、職務質問ができないことは当然である。

設例のA巡査の職務質問は、忍び込み事件の被害予想地域のアパート前において、深夜、アパートの様子をうかがっている男を、その挙動や時間的、場所的にみて不審に思い職務質問をしたものであり、警職法第二条第一項の要件に

合った適法な職務質問である。

不審者に対しては、積極的に職務質問をしなければならないか

警察官が、特定の場合に問を発して疑念を晴らすことは、犯罪の予防及び犯罪捜査に資するものであり、公共の安全と秩序の維持という警察の責務を達成しようとするうえで、必要不可欠なものである。

したがって、警察官は職務質問することができる対象者の要件を備えていると認められる者に対しては、積極的に職務質問をしなければならない。いやしくも不審な者を発見しながら、これを見逃すことは許されない。

判例も「警察官がある種の犯人ではないかと疑念をいだきながら、相手の逃走を漫然と拱手傍観して何らの措置を講ずべきでないというがごときは、警察官の担う重要な任務と職責の忠実な遂行を命ずる警察法規の精神にかんがみ到底採用すべきところではないと思料する。」（最決昭二九・七・一五）と判示している。

Reference

警察官が職務質問をするに当たっては自らが警察官であることを明確にすれば足り、それ以上に官職、氏名までも明らかにする必要はないとした事例（東京高判昭五五・九・四）

同巡査は被告人らから「本当のおまわりか。名前を教えろ。」と要求され、着用の防寒コートのぼたんをはずし、制服を見せ、さらに警察手帳をポケットからとり出して示し、身分を明らかにしていることが認められる。

所論のいう警視庁警察職員服務規程二四条には「職員は相手方から身分の表示を求められたときには職務上支障があると認められる場合のほか、所属、階級、職及び氏名を告げなければならない」と規定されているけれども、同服務規程は警視庁警察職員の服務に関する訓令であり、いわば内部的な規律保持のためのものであり、その違反は警察官の職務執行行為の効力に影響を及ぼすものではないことは明らかであり、警察官が職務質問をするに当つては自らが警察官であることを明確にすれば足り、それ以上に官職、氏名までも明らかにする必要はないと解すべきである。

5　職務質問の対象

A巡査とB巡査は、当番勤務中の午後5時頃、閑静な住宅街をパトカーで警ら中、突然、児童公園の方から「泥棒、捕まえて！」という女性の声が聞こえたので急行した。

どうしたんですか？

今、一一〇番しようとしていたところです。

公園の前で、〝泥棒〟という女性の声がしたので見たところ、赤いスポーツウエアを着た長髪の一見高校生風の男が、通行中の中年らしい女性の右手に持った
ハンドバッグをひったくり、自転車で小学校の方へ逃げて行くところでした。その女の人は「泥棒！」と言いながら追いかけて行きました。

両巡査は、通信指令室に無線連絡するとともに、小学校の方へ急行した。

あいつかな？

その自転車止まりなさい！
赤いスポーツウエアを着た長髪の男を停車させ、
「君にちょっと聞きたいことがある」と言って職務質問を開始した。

キーポイント

① 職務質問の要件はなにか

② 職務質問は、誰に対してもできるのか、また犯罪捜査のため行うことができるか

職務質問の要件

警察官が職務質問することのできる要件・対象者は、

① 異常な挙動その他周囲の事情から合理的に判断して何らかの犯罪を犯し、若しくは犯そうとしていると疑うに足りる相当な理由のある者

② 既に行われた犯罪について、若しくは犯罪が行われようとしていることについて知っていると認められる者

である（警職法二条一項）。

対象者の種別

(1) 異常な挙動その他周囲の事情から合理的に判断して何らかの犯罪を犯し、若しくは犯そうとしていると疑うに足りる相当な理由のある者

「異常な挙動」とは、言語、態度、あるいは服装、携帯品等が不自然であり、又は普通でない素振り、様子をいう。

「周囲の事情」とは、時間的又は場所的に見た周りの状況のことである。例えば、血の付着したものを着ているとか、警察官の姿を見て急に横道に入ろうとしたり、深夜、神社・仏閣など人の住んでいない所にひそんでいるなど、時間的、場所的にみて異常と認められる者である。

「合理的に判断して」とは、この職務を行う警察官が主観的、独断的にそう考えただけでは不十分で、普通の社会人がその場に臨んだならば当然そう考えたであろうと思われるような客観性が必要であるという意味である。

「何らかの犯罪」とは、何らかの刑罰法規に触れる行為という意味で、その犯罪が如何なる犯罪であるか、あるいは

犯罪の具体的内容まで分かっている必要はない。

「何らかの犯罪を犯し、若しくは犯そうとしていると疑うに足りる相当な理由がある者」とは、具体的には深夜に大きな風呂敷包みを持って急ぎ足で路地から出て来た者、警察官の姿を見て隠れようとする者、服に血痕のようなものが付いている者、夜中に出刃包丁を携帯して歩いている者、他人の家をこっそりのぞき込んでいる者などである。

そして、「何らかの犯罪を犯したと疑うに足りる相当な理由のある者」を対象とする質問は、犯罪捜査の端緒を得るためのものであり、被疑者の取調べ又は逮捕の前提としての役割を果たすものである。判例も、「警察官は、犯罪捜査のためにも挙動不審者に対し警察官職務執行法第二条第一項に基き質問することができ……犯罪予防の場合にのみ限られるものではないことは文理上極めて明瞭である。」(大阪高判昭二九・四・五)としている。

したがって、設例のA巡査らが行った職務質問は、ひったくり事件の被疑者と思料される者に対する犯罪捜査のための質問であり適法なもので、ひったくり犯人に酷似する自転車の男は、職務質問の対象者である。

(2)　既に行われた犯罪について、若しくは犯罪が行われようとしていることについて知っていると認められる者

これらの者は、直接犯罪に関与している者ではなく、むしろ、第三者の立場にあるものであるが、これらの者が職務質問の対象とされているのは、犯罪の予防又はその捜査の端緒を得るための必要から認められたものである。

「既に行われた犯罪について知っていると認められる者」とは、例えば、犯罪の被害者、犯罪の現場に居合わせた者などがこれに当たる。

「犯罪が行われようとしていることについて知っていると認められる者」とは、例えば、「けんかが始まりそうだ」と騒いでいる者、夜間に助けを求めて走ってくる者などがこれに当たる。

なお、警職法第二条第一項前段の「異常な挙動その他周囲の事情から合理的に判断して」という文言は、「疑うに足りる相当な理由のある者」にかかるものであって、「又は」以下の「既に行われた犯罪について……知つていると認められる者」にはかからない。ここにいうのは、参考人や被害者の立場に立つ人であって、本人が異常な挙動をしているわけでもなく、認めるについてそのような判断の基準を定める必要もないのである。

設例のA巡査らが、児童公園の前で女性に行った質問は、既に行われた犯罪について知っていると認められる者に対する質問であり、この女性も質問の対象者である。

6　停止の意義

A巡査は、当番勤務中の午後3時頃、管内を警ら中、受令機で「(隣接の)甲署管内で窃盗事件発生。犯人は逃走中」との一一〇番指令を傍受した。続いて通信指令室から「本件現場は、緑町一丁目五番四号丸山方で、家人不在中に空き巣に入ったもの。犯行途中、家人が帰宅したため犯人はあわてて逃走。犯人は年齢35歳位、身長170㎝位、髪は七・三に分け、紺色背広上下を着た一見会社員風で、被害者宅から徒歩で乙駅方面に逃走中」との指令を傍受。A巡査は、事件現場が自署管内から近く、かつ、逃走方向が自署管内の乙駅方向であることから、
直ちに逃走経路として最も可能性の高い、乙駅に通じる乙駅前商店街に急行し、商店街入口で張り込み警戒を実施した。
!!
!!
あっ、もしもし！
もしもし！
A巡査は、何度か問いかけながら後を追ったが、
もしもし
男が全く立ち止まる様子がなかったため、肩に手をかけ、
ちょっとすみませんが待ってください!!
男を停止させた。

キーポイント

① 停止とはどんな行為か
② 停止させるために、肩に手をかける行為は許されるか

停止の意義

警職法第二条第一項は、警察官が職務質問の対象者と認められる者を「停止させて質問することができる」旨を規定している。

「停止させて」とは、本来は呼び止めてといった程度のもので、質問を行うことを容易にするための準備であり、動いている者を止めて質問する状態に置くことができるという意味である。歩行者であればそれを呼び止めて立ち止まらせ、自動車や自転車に乗っている者であれば停車させ、場合によっては下車させることである。既に立ち止まっている者や休んでいる者については、それを停止させる必要はなく、直ちにその者に対し質問できることは当然である。

また、停止は瞬間的なものではなく、質問するのに必要な時間は停止の状態を続けさせることができる。ただし、この場合といえども停止に要する時間は、身体の拘束にわたらない程度の社会的に妥当な時間ということになる。

実力の行使

本条項による停止は、停止を説得するために必要な限度で一時的に実力を行使して行うこともできるが、それは、ごく限定された条件の下で、限定された実力を加え得るにとどまり、それによって相手方の身体の自由を直接制圧するものとなってはならない。当然、それは、拘束・連行とは態様を異にするものであることはいうまでもない。

従来の学説の多くは、停止行為を任意手段であるとしたうえで、同時にある程度の実力の行使を認めている。

相手方が、その意思で「停止する」のを警察官が「求める」ことができるだけでなく、警察官がその相手を「停止させる」こと、すなわち「止まらせる」ことができるのである。法が一定の限度の実力行使さえも否定するつもりであれば、第二項の同行要求と同様、「停止することを求める」と定めるべきところであり、そうではなく「停止させて」と定めたのは、不審な状況が強く、停止させて質問を行うことが、社会公益上必要性が高い場合には、強制手段に至らない程度の実力を一時的に用い得ることを認めたものと

解するのが妥当である。

判例も「警察官が異常な挙動その他周囲の事情から合理的に判断して不審者と認めた者に対し職務質問のため停止を要求してもその者がこれに応じなかつた場合これを停止させるに妥当な方法によつて、その者の行動を停止させることは、警察官がその職権職務を忠実に遂行するために必要なことで、具体的に妥当な方法と判断される限り暴行に亘らぬ実力を加えることも正当性ある職務執行上の方法と謂わなければならない。……甲巡査が被告人の肩に手をかけた行為は同巡査の職務質問に反抗的で、且つ逃げようとする被告人を停止させて質問しようとする職務遂行上の妥当な方法として用いられたもので、その場においての職務執行上正当な方法であつて、……」(札幌高函館支判昭二七・一二・一五)と判示している。

✣

したがって、設例においてA巡査が、逃走中の窃盗犯人に酷似する男を発見し、男に職務質問するため近づいたところ、男がA巡査を見て立ち止まり、反転して引き返そうとしたので、男に呼びかけながら後を追ったが立ち止まる様子がなかったため、男の肩に手をかけ停止させた行為は、判例に照らしても明らかに正当な職務執行であり、許される。

32

Reference

停止を求めるために被告人の右腕をつかんだ行為を適法とした事例(高松高判昭四二・一〇・三一)

そこで本件の場合について検討するに、前記認定のような時刻、物件の状況、被告人の挙動、問答の経過、内容等具体的状況のもとでは、前記ラジオが被告人らの何らかの犯罪による賍品でないかとの疑念をいだき、被告人に対する職務質問続行の必要を認めたA巡査部長の判断は当然相当な判断というべきで、当時被告人の氏名が警察官の側にわかつていたのみならず被告人が同行を拒否する態度を示していた事情も、この結論を動かすには足りない。更に同巡査部長が被告人の右腕を摑んだ行為及び当時一名の被告人に対し現場に四名の警察官が居合わせた事実も、前記認定の具体的状況、殊に犯罪の嫌疑の濃厚な事態と被告人の乱暴な挙動のもとでは、被告人に対するいわゆる強制にわたるものとは断じ難い。同巡査部長はこの場合、警察官職務執行法二条一項の法意に従い、被告人に対し前記認定の程度、方法による職務質問を続行できるものと解すべきで、しかもそれは同巡査部長の本来の職務権限からして当然の責務というべきものである。

7　停止行為の限界(I)

A巡査は、当番日の午後、空き巣の多発地域である新興住宅街の警らに出発した。

捜査係で出している『刑事だより』によると、最近連続して発生している同一手口の空き巣事件は、どの現場もドライバー様の用具を使用してガラスを割って侵入しており、現場には波型模様のスニーカーの足跡が遺留されていることが分かった。

キョロキョロ
この男が犯人かも……職務質問をしよう……

その男はいったん停止して質問に応じたが…

!!

ダダッ
待ちなさい!!

おれは何も悪いことをしてないのに無理やり捕まえるとは何だ!!

待ちたまえ!!

A巡査が、男の前方に両手を広げ立ちふさがったため男は観念して停止した。

キーポイント

① 職務質問のための停止行為は、任意処分か、強制処分か

② 停止を求めるために、相手の手首を摑んだり、両手を広げて立ちふさがる行為は停止行為の限界内か

停止行為の性格

警職法第二条第一項は、警察官が職務質問の対象者と認められる者を停止させて質問することができる旨規定している。

これは、テーマ6に述べたとおり、相手方がその意思で「停止する」のを警察官が「求める」ことができるだけでなく、警察官が相手方を「停止させる」、すなわち「止まらせる」ことができるという意味である。

停止行為は、任意（説得）の範囲内で一時的な実力の行使が許されることがあるが、本条に定める権限行使の要件及び実力行使の限界から考えて、これを行使できるのは、非常に限られた場合である。

警察上の即時強制の手段は、人の自由を実力で拘束するものであるから、社会公共の秩序維持のためやむを得ない例外的な場合にのみ認められる。

すなわち、現実の障害を除く必要が切迫しており下命により義務を課するいとまがない場合か、又は事の性質上最初から下命による義務の履行を全く期待しがたい場合に限って認められるものである。

本条の停止・質問の要件は、何らかの犯罪を犯したか若しくは犯そうとしていると疑うに足りる相当な理由のある者又は既に行われた若しくはこれから行われようとしている犯罪について知っていると認められる者がある場合である。

一般的には、この程度の要件では、即時強制設定の要件、特にその緊急性の要件を備えているとはいえない。

しかし、いかなる場合も、強制にわたることは許されないのであるが、不審の程度、犯されたと思われる犯罪の種類等から、公益上の必要性が高く、それを放置することができないと考えられる場合に、任意活動の範囲内で一定の限度の実力行使が認められるのである。

すなわち、何らかの犯罪を犯した疑いが特に濃い者が警察官に呼び止められ、これに反抗して逃走したような場合に、逮捕すなわち継続的な身柄の拘束に至らない程度の実力を行使して、その者を停止させることは、妥当性のある

行為であるといえよう。

停止行為の手段

停止行為に行使する手段は、要求又は説得という任意手段にとどまるべきである。すなわち、相当の疑いがある者であっても、せいぜい強い語調で呼び止めて追及するという程度にとどまるべきであって、みだりに実力を用いることは許されない。例外的に実力を用いることが許される場合でも、その行使の態様は、公益の必要性、社会的相当性と相手の不利益とを常に比較衡量すべきものである。

相手の疑惑が特に濃く、その者を停止させる公益上の必要性の高い場合には、背後から肩に手をかけて止めたり、自転車に手を掛けたり、大手を広げて止めたりすることが許されることがある。

判例も、停止させるために人の肩や腕等に手をかける行為に関し、「職務質問中に立ち去ろうとした挙動不審者に対して質問を続行するため右手首を摑んで停止を求めた警察官の行為は、いまだ正当な職務執行の範囲を逸脱したものとはいえない。」（東京高判昭四九・九・三〇）と判示し、また、職務質問に対し逃走しようとする者の前に立ちふさがる行為に関し、「建造物侵入の疑いのある者に職務質問をしたところ逃走しようとしたので、その前に立ちふさがり、二、三分の質問を継続した警察官の行為は適法である。」（広島高判昭五一・四・一）と判示している。

しかし、これらの行為は質問するため一時的に停止させる限度にとどまるべきで、身柄の拘束にわたるような継続的な態様で実力を用いることは、強制手段にわたることとなり、いかに疑惑が濃い場合であっても、本条による停止の手段としては許されない。

✤

設例におけるA巡査が、周囲の事情から合理的に判断して、男を連続空き巣事件の犯人ではないかと強い疑念を抱き、職務質問を行うために男の手首を摑んだり、前に立ちふさがったりした停止行為の手段は、判例に照しても明らかなように任意の範囲内の正当な説得行為であって、職務執行の範囲を逸脱していない。

8　停止行為の限界(Ⅱ)

パトカー勤務のA、B両巡査は、午後10時頃、管内で最も交通事故の多発地点である甲交差点で、パトカーから降車して交通違反取締り中、乙町方向から進行して来た普通乗用車が、信号を無視して交差点に進入してきたのを現認したので、A巡査が合図して自動車を停止させ、
A巡査が車を運転している男に対し、違反事実を告げ、免許証の提示を求めたところ、男は一応これを自認して免許証を提示した。
そこで更に、事情聴取するために、パトカーまで任意同行を求めたところ、男が応じないため、B巡査と協力して同行に応じるように説得した結果、男は車から下車した。
チャッ
その際、男が酒臭をさせていたため、A、B両巡査は、男が下車するのを渋ったのは酒気帯び運転が発覚するのをおそれたためと判断。
酒を飲んでいるのでは!!検知しましょう!!
お、おれは酒など飲んでない!!
パッ
ダッ
男はA巡査から免許証を奪い取り、自車に乗り込み、ギア操作をして発進しようとした。
ブルルルル
B巡査は酒気帯び運転による危険を防止するため、男の車の運転席の窓から手を差し入れ、
カチッ
エンジンキーのスイッチを切って、男が車を運転するのを停止した。

キーポイント

① 停止を求めるための有形力の行使には、職務質問の目的、必要性、公益性等を考慮する必要があるか
② 酒気帯び運転による危険を防止するため、車の窓から手を差し入れエンジンキーを回転してスイッチを切る行為は、停止行為として適法か

有形力の行為

警職法第二条第一項に定める職務質問は、同項に定める不審事由が存在する場合に限って、その疑念を解消するために行われるものである。そして、職務質問の前提の停止については、被質問者を質問し得る状態におかなければならないのであるから、そのために被質問者を停止させることができると解さなければならない。

このような職務質問とその前提となる停止を実現させるためには、たとえそれが被質問者の意思に反することになったとしても、職務質問を実現するために説得の限度内で一定の有形力を行使することは、同法第二条が予定していることであると解されている。

もちろん、このような意味の有形力の行使は無制限に許されるのではなく、任意活動としての限度内においてのみ許容されるものであることは当然である。そして、その限界は一律かつ抽象的に定めることはできず、結局のところ強制処分に至らない程度の有形力の行使であれば許容される。ただ、強制処分に至らない有形力の行使といっても、被質問者にとっては何らかの法益を侵害され、又は侵害されるおそれのある行為であるから、状況の如何を問わず常に許容されると解することは相当ではなく、職務質問の目的、必要性、公益性等を考慮し、具体的状況のもとで相当と認められる限度において許容される。

停止行為の限界

職務質問のための停止行為についても、強制に至らない程度の有形力の行使であれば、職務質問の目的、必要性、公益性等を合理的に判断し、具体的状況の下で相当と認められる限度において許容される。

判例も、停止を求めるための手段として行使したいくつかの有形力の行使の事例について、事案の具体的状況を考慮しながら、次のとおり、適法と判示している。

⑴ 停止をさせるためにした追跡行為

職務質問中に風呂敷包みの内容の呈示を求められ逃げ出した者に停止を求めるため追跡したことは、相手に接近する手段として必然な自然の行為であって、強制ではないから適法である（最判昭二九・一二・二七）。

挙動不審者として職務質問を受け派出所まで任意同行を求められた者が突如逃走した場合に、職務質問をしようとして追跡したことは、人の自由を拘束するものではなく職務行為として適法である（最判昭三〇・七・一九）。

(2) 停止させるために人の前に立ちふさがる行為

職務質問開始後約一〇〇メートル追尾し、派出所に任意同行を求めたところこれを拒否して逃げ出そうとした者を追いかけ、その前面に立ちふさがって停止させた行為は適法である（東京地決昭四七・一二・八）。

(3) 停止させるために人の肩や腕等に手をかける行為

職務質問に対して応答を拒否し、停止を承諾しない挙動不審者の右腕をつかんで停止させようとした警察官の行為は、強制にわたるとはいえない（高松高判昭四二・一〇・三一）。

職務質問中に立ち去ろうとした挙動不審者に対して質問を続行するため右手首を摑んで停止を求めた行為は、いまだ正当な職務執行の範囲を逸脱したものとはいえない（東京高判昭四九・九・三〇）。

(4) 職務質問を行うために自動車を停止させる行為

交通取締りを実施していた警察官が、停車合図に従わずに加速して検問場所を通過して逃げようとした自動車運転者に対し、酒酔い運転について取り調べる必要から降車を求めたのにかえって発進しようとしたので、エンジンを切るため手を自動車内に差し入れた行為は適法な職務行為である（東京高判昭四八・四・二三）。

警察官が窓から手を差し入れ、エンジンキーを回転してスイッチを切った行為は、警職法第二条第一項の規定に基づく職務質問を行うため停止の方法として必要かつ相当な行為であるのみならず、道路交通法第六七条第三項〔編者注・現行第四項〕の規定に基づき、自動車の運転者が酒気帯び運転をするおそれがあるときに、交通の危険を防止するためにとった、必要な応急の措置にあたり、職務の執行として適法なものである（最判昭五三・九・二二）。

このように、判例は、任意活動である職務質問も具体的な状況の下では、相手の意思に反するある程度の有形力の行使を伴っても、強制にわたらない限度において許容されるとの見解をとっており、設例におけるB巡査の行為は、判例に照らしても適法な職務執行であるといえる。

9　追跡行為

A巡査は、受持区内を徒歩警ら中、本町一丁目九番地付近路上で、自転車を止め、その脇にしゃがみ込みながらはずれたチェーンを修繕している若い男を発見した。

苦労しているようだね。手伝おう！

!!

……

男はどうしたことか、突然立ち上がると、チェーンが直っていないにもかかわらず、無言で自転車を押しながら、その場を立ち去ろうとした。

!?

……

名前の部分が削られている……

盗品では……

君はどこから来たんだ？

この自転車は誰のものですか？

……

男の行き先、住所、氏名、年齢等について職務質問をしたが…

男は一切質問に答えず、かえって駆け足ぎみに自転車を押しながら立ち去ろうとするので、A巡査も男の歩調に合わせてこれを追いかけたところ、
男は急に立ち止まり、わめき散らした!!

何でおれの後をついて来るんだよ。おまわりに用はねえよ!!

40

キーポイント
職務質問を行うための手段として、質問対象者を追跡する行為は適法な職務執行行為であるか

追跡行為

職務質問は、疑念を晴らし、警察上必要なことを知るため行うのであり、通常は相手の住所、氏名、年齢、行き先、その場所にいる理由等について行われる。疑念が晴れれば質問を打ち切るべきで、容疑のない者についていつまでも執ように質問を続行するのは、警察目的からみて行き過ぎであるが、その反面、容疑の濃い者については任意手段の限界の範囲内で、納得のゆくまで追及すべきであり、相手がいやがるからといって簡単に打ち切ることは、警察の責務の遂行に忠実ではない。

職務質問を行う前提としての停止をさせるためにした追跡行為は、単に逃走する相手方の位置に接近する手段として必要な自然な行動であって、職務質問を行う際の通常の手段である。

追跡行為に関する判例として、次のものがある。

「相手方が質問に答えず、或いは停止を肯（がえ）んじなかったとしても直ちに質問を打ち切るべきではなく、その具体的場合に即応して警察官としての良識と叡知を傾け臨機適切なる方法により或いは注意を与え或いは翻意せしめて本来の職責を忠実に遂行するための努力を払うのが警察官の職務である。逃走する被告人を停止させて質問を続行するためには必然的に被告人の走る速度に順応してその跡を追いかけることは通常の手段であつて、……これを目して強制手段であるとは考えられない。」（名古屋高判昭二八・九・二、本件上告審の最判昭三〇・七・一九も同趣旨）

「追跡という行動は単に逃走する相手方の位置に接近する手段として必要な自然な行動であってかかる手段をもつて強制又は強制的手段とは認められないことは勿論であり、またこれをもつて逮捕行為と目することもできない。警察吏員が職務質問をなしたのに拘（かか）わらず、相手方がこれに答えようとせず、また停止を求めてもこれに応じないような場合に直ちに質問を中止するが如きはむしろその職務職責に忠実ならざるものであり、かくの如き場合にも更に自己の疑念を解くため強制にわたらない程度においてあるいは注意を与えあるいは翻意せしめて本来の職責を忠実に遂行するための最大の努力を払うのがその職責に忠実な所以（ゆえん）であり、また相手方の逃走を漫然拱手傍観して放置してかえりみないような態度は警察活動の本義に照らし到底是認することはできないのであつて、かかる場合には逃走する相手方を追跡し停止を求め質問を続行することこそ警ら中の警察吏員としての忠実な職責の実行と称すべきであり、かく解することが公共の福祉と基本的人権の保障との調和を図り且つ警察法の精神に叶う合理的見解であるといわねばならない。」(東京高判昭二九・五・一八)

前記判例が示すとおり、職務質問を行う前提としての停止をさせるためにした追跡行為は、職務質問を行うための通常の手段であり、忠実な職責の実行である。

したがって、設例においてA巡査が、自転車盗の犯人と思われる男を職務質問によって疑念を晴らすべく、逃げ出そうとする男の歩調に合せて、男を追跡した行為は適法な職務執行行為である。

もし、A巡査の追跡行為に対し、男が暴行脅迫を加えた場合には、A巡査の追跡行為は適法な職務行為として刑法上保護されるため、その場合には公務執行妨害罪が成立することとなる。

Reference

任意同行を求められた者が突如逃走した場合に追跡した行為が適法とされた事例(最判昭三〇・七・一九)

巡査から挙動不審者として職務質問を受け派出所まで任意同行を求められた者が突如逃走した場合に、巡査が更に職務質問をしようとして追跡しただけでは、人の自由を拘束したものではなく、巡査の職務行為として適法であること原判決の説示するとおりである。それ故、原判決は所論のように警察官職務執行法二条三項を不法に拡張解釈したものではなく、また人の自由を拘束した事実を判示したものではないので、所論違憲の主張は前提を欠き理由がない。

10 質問

甲警察署刑事組対課のA、B両巡査は、最近、管内に所在する運動公園の遊歩道上で、夜間通行人に対し、突然後ろから近寄り、背中に出刃包丁を突きつけ「騒ぐと殺すぞ」と脅迫し、財布等を強取する路上強盗が連続して発生したため、課長の指示により、よう撃捜査により犯人を現行犯逮捕すべく、他の捜査員とともに運動公園遊歩道脇の公衆トイレ付近の木立の中で張り込んでいた。

被害者の証言によると……

現場が暗くて、よく犯人を見ることはできませんでしたが、犯人は若い男で髪が長く……

黒っぽいジャンパーのようなものを着ていました。後ろからの足音に気づかなかったので、ズックでも履いていたと思います。

両巡査が張り込んでから30分位たった午後11時頃、被害者の証言による犯人と似た若い男が……

周囲をキョロキョロ警戒しながら、張り込んでいる公衆トイレの方へゆっくり歩いて来て、トイレの前で立ち止まり、周囲をうかがってそのままトイレに入ったのを見届けたため、両巡査は男が出てきたところで職務質問をすべく、公衆トイレ入口付近で待った。

約1分位して男が出てきたので、両巡査は警察手帳を提示しながら……

「甲警察署捜査係の者だが、君にちょっと聞きたいことがある」と質問を開始したところ……

「警察がおれに何の用があるんだ。ジョギング中だよ」と言いながら、ズックを履いている足を上げて見せたが、
男のジャンパーの内ポケット付近が異常にふくらんでいた。

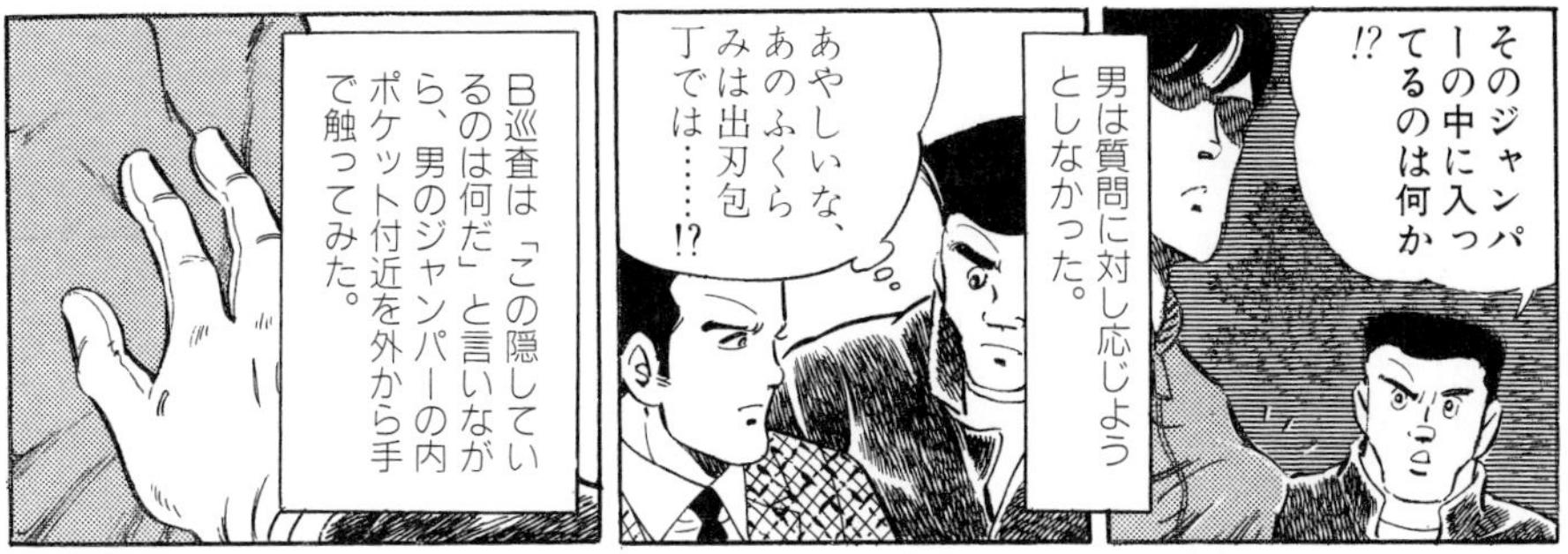
そのジャンパーの中に入ってるのは何か!?
男は質問に対し応じようとしなかった。
あやしいな、あのふくらみは出刃包丁では……!?
B巡査は「この隠しているのは何だ」と言いながら、男のジャンパーの内ポケット付近を外から手で触ってみた。

キーポイント
職務質問に応じない不審者に対し、着衣の異常な箇所を外部から触る行為は、職務質問の行為として許されるか

質問に付随する行為

職務質問は、特定の者に問を発して、警察官がその疑念を晴らし、あるいは警察の責務達成上必要なことを了知することによって、犯罪の発生を予防し、あるいは犯罪捜査に資するものであり、もって警察の責務を達成しようとするものである。

質問は、事の性質上、一方的に実力を加えてその目的を達することは不可能で、相手がその意味で答えてくれなければ意味がない。しかし、容疑の濃い者については任意手段の範囲内で、納得のゆくまで追及すべきであり、簡単に打ち切ることは、職責遂行に忠実であるとはいえない。

質問は、主として、口頭によって行うものであるが、必ずしも口頭のみによらない。例えば、質問の相手が何らかの犯罪を犯し、又は犯そうとしている疑いのある者である場合に、その上着のポケットが異常にふくらんでいるときには「これは何か」、「これは刃物らしいが見せてくれるか」といいながら、ポケットの上から触ったり、ポケットを軽くたたいてみたりすることは、社会通念上質問に付随する行為として、本条の質問の内容をなすものと考えられる。

判例も、不審者が「凶器を所持している疑いが極めて濃厚であるにもかかわらず、警察官の職務質問に対して理由なく応じないような特別の場合には、職務質問の過程において、異常な箇所につき着衣の外部から触れる程度の、社会通念上職務質問に通常附随するとみられる程度の体査は、職務質問の一態様として許される。」（高松高判昭四〇・七・一九）としている。

したがって、設例におけるB巡査の行為は、前記判例に照らして明らかなとおり、職務質問の一態様であって適法な行為である。

11　所持品検査

A巡査は、最近所管区内のアパートで白昼空き巣が発生しているところから、空き巣犯人の情報を得るため刑事組対課に立ち寄り、『刑事だより』を閲覧した。

『刑事だより』によると、「犯人の手口は、ドライバーでドアの鍵をこじ開けて侵入するもので、こん跡を採取したところ、いずれの現場も7㎜のドライバーを使用している。近所の人の話では、被害直前、見知らぬセールスマン風の背広を着た若い男が、アタッシュケースを手にアパート内をウロついていた」ことが判明。

そこでA巡査は、当番勤務の午後2時頃、受持区内におけるアパートに対する空き巣被害の未然防止と犯人検挙を目的に、同地域を重点警らするため交番を出発した。

A巡査があるアパート前にさしかかったところ、入口から一見セールスマン風の男がアタッシュケースを手に出てきた。

『刑事だより』に出ている空き巣の犯人に似ているぞ……

それに急に口笛を吹くなんて……

ちょっと待ってください！あなたはこのアパートの方ですか？

……

A巡査の氏名、住所等の質問に対し、男は無言で答えなかったため、A巡査は更に不審を深め……

そのカバンの中身は何ですか？見せてくれませんか!?
おれは電気関係のセールスマンだよ。おかしいと思ったら調べてみろ!!
中身を見せてもらいますよ！
チャッ
承諾を得て、所持品検査を行うこととした。

キーポイント

① 所持品検査とはなにか

② 所持品検査は職務質問に付随する行為として許されるのか

所持品検査の意義

所持品検査とは、現行法では明文で規定されていないが、一般的には警察官が職務質問に際して相手方に所持品の提示を求めて、任意の承諾を得てその内容を検査することをいうとされており、今日、通説・判例において承認されている。

これは、犯罪の予防、鎮圧等の警察活動を有効に機能させるためには、職務質問によって挙動不審者、被害者、関係する第三者を停止させて質問することが必要であり、この際、所持品の検査を併せて行うことが不可欠と考えられるからである。

所持品検査の態様を大別すると、

① 相手方に所持品の開示を求め、開示された所持品について承諾を得て検査すること。

② 相手方の承諾を得て所持品を取り出し、検査すること。

③ 相手方の承諾を得ることなく、衣服あるいは所持品の外側から手を触れて所持品を検査すること。

④ 相手方の承諾を得ることなく、携帯品を開披するなど実力を行使して所持品を検査すること。

の態様が考えられる。

これら所持品検査は、相手方の意思に反する場合も考えられるが、いずれも犯罪の予防、鎮圧等の警察の責務を達成するため、相手方の明示又は黙示の承諾を前提として行う任意の警察活動である。

所持品検査の根拠

所持品検査の根拠については、警職法第二条第一項に求めるものが一般的であるが、法令の根拠を必要とせず、警察法第二条の警察の責務を達成するため行うことができるとするもの、あるいは両者の併用とするものがある。

これは、所持品検査が口頭による質問の一態様ないし密接な関連性ある行為としてなされるのが通常であることから考えれば警職法第二条第一項が根拠となるが、その要件に必ずしも当てはまらなくとも、公共の安全を保つうえで、緊急に必要な場合には、警察法第二条の警察の責務を達成するため、所持人の協力のもとに任意の所持品検査を行うことができるものと考えられる。

この点について判例は、

○　警職法第二条と警察法第二条を挙げるもの（福岡高決昭四五・一一・二五）

○　警職法第二条のみを挙げるもの（東京地判昭四八・一〇・二）

○　警職法第二条第一項と限定するもの（横浜地判昭四六・四・三〇）

に分かれているが、警職法第二条第一項の職務質問に付随する行為とみる考え方が大勢である。

最高裁も所持品検査の根拠について、「警職法は、その二条一項において同項所定の者を停止させて質問することができると規定するのみで、所持品の検査については明文の規定を設けていないが、所持品の検査は、口頭による質問と密接に関連し、かつ、職務質問の効果をあげるうえで、必要性、有効性の認められる行為であるから、同条項による職務質問に付随してこれを行うことができる場合があると解するのが、相当である。所持品検査は、任意手段である職務質問の付随行為として許容されるのであるから、所持人の承諾を得て、その限度においてこれを行うのが原則であることはいうまでもない。」（最判昭五三・六・二〇）と判示し、所持品検査は、警職法第二条第一項の職務質問に付随する行為として許容されるとしている。

設例においてA巡査が行おうとしている所持品検査は、空き巣犯人の疑いのある男に対する職務質問に付随する任意の所持品検査である。そして、A巡査が、男の所持するカバンの中身について、その中身を見せてほしいと要求したのに対し、「おかしいと思ったら調べてみろ」と答えているもので、同人の承諾が得られたわけであるから当然に所持品検査を行うことができ、適法な職務執行であるといえる。

12　所持品検査の限界

A、B両巡査は、隣接警察署管内で拳銃使用の銀行強盗事件が発生し、緊急配備が発令されたため、管内本町一丁目交差点において検問を開始した。
問中
通信指令室の手配によると――犯人は二人組で、いずれも若く、サングラスをかけており、甲は黄色のポロシャツ、乙は赤色のポロシャツを着ている。犯行の模様は、店内でいきなり甲が拳銃を一発発射し「動くな！」と叫び、乙がカウンターに近寄って女子社員に白色のスポーツバッグを渡し「金を入れろ」と脅し、カウンター内にあった現金二〇〇万円を強奪して、銀行前に停めていた赤い自動車に乗って逃走した。
A、B両巡査が検問を開始後の午後2時30分頃、隣接警察署方向から若い男二人が乗った赤い自動車が進行して来たので、A、B両巡査は停車を求め、職務質問を開始した。
車の二人は手配どおりの服装をしており、さらに、助手席の男の前には白色のスポーツバッグが置いてあった。
そのバッグを開けてくれませんか!?
二人組は黙秘したままバッグの開披を拒否したため、
本署に同行した。

両巡査は、本署においてもバッグの開披を繰り返し求めたが、二人は黙秘と開披拒否を続けたため、
A巡査は二人の承諾のないまま、その場にあった白色のスポーツバッグのチャックを開けたところ、大量の紙幣が無造作に入っていたので、
壱万円
両巡査は二人を銀行強盗犯人と認め、緊急逮捕した。

キーポイント

① 所持品検査の適法性に関する学説・判例はどうなっているか
② 所持人の承諾のない所持品検査は適法か

所持品検査の適法性

所持品検査に関する学説は、判例が職務質問に付随する行為として是認してきたこともあってこれを容認するのが通説である。

そして、所持品検査の許容される限界、特に相手方の意思に反し外側から手を触れて所持品を検査したり、衣服の中に手を入れたり、携帯品を開披するなどして所持品検査をする行為は、その態様が捜索に類似することから、憲法第三五条との関連で問題となってくる。

学説では、所持品検査が許容されるのは相手方が凶器又は危険物を所持している疑いのある場合に限り、しかも相手方の衣服あるいは直接支配下の所持品について触手する方法による検査のみが許容されると狭く解する見解と、武器等の捜索の場合に限定せず所持品検査の必要性、緊急性を考慮しながら、具体的状況の下で法的、社会的に相当と認められる限度において所持品検査は許容されると広く解する見解に大別されている。

この問題も結局は警察権行使の正当性の限界の問題であり、後者をもって妥当と解されている。

一方、判例の流れをみると、所持品検査が問題となった最初のものとしては高松高裁の昭和四〇年七月一九日判決が挙げられる。

この判決は、職務質問の際、異常な箇所について着衣又は携帯品の外部から触れる行為は許されるとし、同様の判決は福岡高裁決定（昭四五・一一・二五）でも示されている。

このほか、

○　職務質問の過程で爆発物所持の疑いのある場合に所持品のバッグの外側に触れ、承諾を得ずにチャックを開き中身を見たことが許されるとしたもの（東京高判昭四七・一一・三〇）。

○　相手方の明示又は黙示の承諾があった場合に所持品の開示や検査も許されるとしたもの（大阪地判昭四七・一二・二六）。

○　ボストンバッグの外側に触れてみると金属のようなものがあったので底の方に手を入れた事案について、黙示の承諾があったと判示したもの（東京高判昭五一・二・九）。

○　包装物の外側から触れ、持ち上げた結果、火炎ビンの疑いが濃くなったので、これを開披したことを適法としたもの（東京地判昭五一・五・七）。

などがある。これらの判例は、具体的な事実に則してかなり細かい判示をしており、いずれもニュアンスの相違はあるが、職務質問に付随する行為として相当であると論じている。

承諾のない場合

所持品検査において、所持人の承諾のない場合、どの程度まで許容されるか等その限界に関して最高裁は、昭和五三年六月二〇日、初めて正面から判断した判決を示した。

これは、四人組による猟銃、ナイフ等を使っての銀行強盗事件について、緊急配備中の警察官が手配人相に似た二人組を発見して職務質問を実施したが、二人は黙秘と所持していたボーリングバッグの開披拒否を続けていたため、警察官が承諾のないままその場にあったボーリングバッグ等を開披した事案に関する上告審のものである。

最高裁は、所持品検査の根拠及びその許容限度について、「所持品検査は、任意手段である職務質問の附随行為として許容されるのであるから、所持人の承諾を得て、その限度においてこれを行うのが原則であることはいうまでもない。しかしながら、職務質問ないし所持品検査は、犯罪の予防、鎮圧等を目的とする行政警察上の作用であつて、流動する各般の警察事象に対応して迅速適正にこれを処理すべき行政警察の責務にかんがみるときは、所持人の承諾のない限り所持品検査は一切許されないと解するのは相当でなく、捜索に至らない程度の行為は、強制にわたらない限り、所持品検査においても許容される場合があると解するべきである。」とし、それは、「所持品検査の必要性、緊急性、これによつて害される個人の法益と保護されるべき公共の利益との権衡などを考慮し、具体的状況のもとで相当と認められる限度においてのみ、許容されるものと解すべきである。」とした。

そして、ボーリングバッグのチャックを開披した警察官の行為について、「猟銃及び登山用ナイフを使用しての銀行強盗という重大な犯罪が発生し犯人の検挙が緊急の警察責務とされていた状況の下において、深夜に検問の現場を通りかかつたK及び被告人の両名が、右犯人としての濃厚な容疑が存在し、かつ、凶器を所持している疑いもあつたのに、警察官の職務質問に対し黙秘したうえ再三にわたる所持品の開披要求を拒否するなどの不審な挙動をとり続けたため、右両名の容疑を確める緊急の必要上されたものであって、所持品検査の緊急性、必要性が強かつた反面、所持品検査の態様は携行中の所持品であるバッグの施錠されていないチャックを開披し内部を一べつしたにすぎないものであるから、これによる法益の侵害はさほど大きいものではなく、上述の経過に照らせば相当と認めうる行為であるから、これを警職法二条一項の職務質問に附随する行為として許容されるとした原判決の判断は正当である。」とした。

つまり本判決は、所持品検査が所持人の承諾を得て行うのが原則であるとしながら、所持人の承諾のない場合であっても、①捜索に至らない程度の行為であること、②強制にわたらないこと、③所持品検査の必要性、緊急性があること、④侵害される個人の法益と保護されるべき公共の利益との権衡が保たれるべきこと―などの要件の下に、例外的に許容される場合があるとしたのである。

したがって、設例においてA巡査が所持人の承諾のないままバッグのチャックを開披した行為は、前記判例に照らしても明らかなように、所持品検査の適法性の要件に合致する行為であり、適法である。

Reference

所持品検査が違法であるとされた事例（札幌高判昭五三・一〇・二八）

ジャンパー左上腕部ポケットのチヤツクを開けて在中の覚せい剤入りビニール袋九袋を取り出すなどした行為は、明らかに強制にわたり刑事訴訟法上の捜索に類する行為であつたとみるほかなく、原判決が指摘するとおり、右は任意手段として認められている警察官職務執行法二条に基づく職務質問及びこれに附随する所持品検査に許容される範囲を越えた措置であつたといわなければならない。

13　同行要求

甲警察署刑事組対課のA巡査部長は、当直勤務中、管内の繁華街である駅前通りの路上で「暴力団員風の男に通行人が殴られている」旨の一一〇番指令を傍受した。A巡査部長は直ちに当直勤務中の課員B巡査とともに捜査用車両に乗車して駅前通りの犯行現場に急行。現場で鼻から血を流している男に質問した。

通行中に暴力団員風の男と肩がぶつかったため、男に因縁をつけられ、いきなり顔面を二、三発殴られたのです。

犯人はどちらの方に行きましたか!?

……分かりません。

誰か見た人はいませんか!?

あの男の人を殴ったのは暴力団○○組の乙ですよ。見ていたので間違いありません……

被害者を応援に駆けつけたパトカーに同乗させ本署に搬送を依頼した後、
A巡査部長らは、乙は暴力団員でかねてからの顔見知りであったので、B巡査とともに乙の所属する暴力団○○組事務所に急行した。

事務所にいた乙に対し、
君にちょっと聞きたいことがある。本署まで一緒に来てくれ!

なんでおれが警察に行くんだ。これから出かけるんだ。

同行要求を渋っていたが、
さっき駅前通りで君が通行中の若い男を殴っているのを見た人がいる。その事でちょっと聞きたいことがある!

同行要求の理由を告げたところ……

仕方ねえな、署へ行くよ。車で来ているなら一緒に乗せてってくれ!

乙を本署へ同行した。

キーポイント
① 同行要求の要件、目的等はなにか
② 設例の同行は、任意性に問題がないか

同行要求の要件・目的

警職法第二条第二項は、「その場で前項の質問をすることが本人に対して不利であり、又は交通の妨害になると認められる場合においては、質問するため、その者に附近の警察署、派出所又は駐在所に同行することを求めることができる。」と規定し、質問に継続する同行要求について定めている。

「本人に対して不利」な場合とは、例えば、衆人環視の中で質問しては本人の名誉が傷つけられる場合、寒気、雨雪がひどい場合などが考えられるが、いずれにしても社会公共のためというより、本人のためということである。このような要件のない場合には本条を根拠とする同行要求はできないが、公益（警察の責務達成）上の必要性がある場合には同行を求めることは差し支えない。

実際に同行を求める場合は、例えば、雪が降って本人が不利になるとか、他人の交通の妨害になるなどということが考えられる。しかし、相手の意に反して同行を強制することはできない。

「質問するため」とは、本項による同行要求の目的を定めたものである。すなわち、同行を求めるのは、専ら質問を継続するためになすべきものであって、本人を取り調べたり、逮捕したりする目的で行ってはならないという趣旨である。

もっとも、質問の目的で同行し、質問した結果容疑が確かなものとなった場合に刑事手続としての取調べに移行し、場合によっては逮捕することができないわけではない。その場合も、同行要求の目的は質問のためであることが必要で、結果として刑事目的の手続が進んだだけである。

「附近の警察署、派出所又は駐在所」というのは、本項による同行先を定めたものである。質問するためであるから、実際上も、これらの場所に同行を求める場合が大部分であろうが、相手方が承諾するのであれば、これ以外の場所、例えば、犯罪現場や付近の家の軒下などに同行を求めても差し支えない。

「同行することを求める」とは、警察署等に警察官とともに行くことを求めることであって、任意手段を定めたものである。これは、停止させる場合と異なり、ある程度の距離が関係してくるので継続的なものとなり、また、本項のような要件では強制手段を認める要件にはならないから、実力の行使にわたることは許されない。

このように、同行は任意によるものであるから、相手方はいったん同意して警察署に同行しても、いつでも退去することができる。

任意性

同行するに当たっては、相手の同意又は承諾のもとに行うべきである。したがって、相手の意思を抑圧するような方法、手段により同行を求めてはならない。

本条に基づく同行に関連して任意性が認められず違法とされた事例としては、次のものがある。

○　同行を拒絶した相手に対し無理に同行を求めようとして、約一〇〇メートル手を引っ張って連行し、相手が座り込んだのでその手を後にねじり上げ、胸許をつかんで引っ張り、なおも連行しようとした行為（京都地判昭二九・九・三）

○　同行を拒否している相手の両手を抱えるようにし、前後横を取り囲み、約五、六メートル引っ張ってジープの後方まで無理に連れて行き、加えてその身体をつかみジープの後部座席に押し上げて乗せた行為（山口地判昭三六・九・一九）

一方、適法とされた事例としては、次のものがある。

○　早朝、朝食もせずに警察官二名と警察署の自動車に同乗したとはいえ、相手は格別逃走する気配も見せず、自ら進んで当該自動車に乗車し、同乗した警察官一名は運転に当たり、他の一名は後部座席に相手と同乗したに過ぎない場合（岡山地決昭四五・一二・二二）

○　相手において、やむを得ない所用を理由に同行を渋ったところ、警察官が容易にこれを認めない態度を示し、即時同行することを要請し続けたことにより、結局相手がこれに応じ、警察の自動車により同行された場合において、同行要請を拒もうと思えば拒み得る雰囲気にあり、また、警察用自動車を利用したことも相手の選択に基づく場合（熊本地決昭四六・五・二七）

これらの判例等に照らし、設例のA巡査部長らの乙に対する同行要求についてみると、A巡査部長らは乙に対し、強制力を加えていないばかりか、それと同等に評価されるべき事情も存在しない。また、警察用自動車を利用することについては乙が希望したことなどを勘案すると、本件の同行要求は任意になされた適法な行為である。

14　凶器の捜検

A巡査は、管内の簡易宿泊所が密集している地域を警ら中、一見ホームレス風の男が、高そうなカメラを肩からぶら下げているのを発見した。

……

もしもし、ちょっと待ってください！

いいカメラを持ってますね、あなたのですか!?

男は一瞬びっくりして立ち止まったが、そのまま立ち去ろうとしたので、
聞きたいことがあるので、そこの交番まで来てください！

同行を要求し、交番に任意同行した。交番において男に対し、カメラのメーカーや使い方などについて質問したが、男の答弁がしどろもどろであったため、男からカメラの提示を受けて、ボディー番号等から「盗品等照会」を実施したところ、当カメラは、二日前に管内の〇〇駅構内において、置引きの被害にあった盗難品であることが判明、男を追及したところ………

すみません。二日前に〇〇駅のベンチの上に置いてあった荷物の中から盗みました。

……簡易宿泊所に置いておくと、他の者に盗まれるので持ち歩いていました。

A巡査は、男を窃盗犯人と認め、緊急逮捕する旨を告げて男を逮捕するとともに、
受傷事故防止と男の自傷防止のため、他に男が凶器等を所持していないかどうかを確かめるため、男の承諾を受けることなく、その着用している着衣のポケット等について凶器の有無を捜検した。

キーポイント

① 凶器の捜検の目的はなにか、また、相手の承諾を受けることなく実施できるのか

② 刑訴法上の捜索、差押えと凶器の捜検の相違はなにか

凶器捜検の目的

警職法第二条第四項は、「警察官は、刑事訴訟に関する法律により逮捕されている者については、その身体について凶器を所持しているかどうかを調べることができる。」と定め、凶器の捜検について規定している。

本項は、刑訴法によって身柄を拘束されている者について、

① 警察官の受傷（危険）防止
② 相手方の自傷（自害）防止
③ その他逮捕を確実にする

等の目的を達成するために、凶器所持の有無の点検を強制的に行うことができることを定めたものである。

また、本項は、強制手段として凶器所持の有無を取り調べる権限を定めたものであるから、捜検に当たっては、相手の承諾を必要とせず、実力によって凶器を所持していないかどうかを点検することができる。

ただ、この規定は、証拠保全のための身体検査を定めたものではないから、その強制力の行使も前述の目的達成のために必要な限度で用いるべきものである。

なお、本項に基づく凶器の捜検とは、刑訴法によって身柄を拘束された者に対して行われる強制処分であるから、挙動不審者が凶器を所持している疑いがあるため、同人の身体や所持品を調査する行為は、これを根拠に行うことはできない。

「刑事訴訟に関する法律による逮捕」とは、通常逮捕（刑訴法一九九条）、緊急逮捕（同法二一〇条）、現行犯逮捕（同法二一三条）の三種類に限らず、勾引状、勾留状の執行（同法七〇条）、収容状の執行（同法四八九条）も含むと解され

ている。

また、本項の立法の趣旨、目的に照らし、例えば、児童福祉法第三三条(一時保護)、警職法第三条第一項第一号(保護)、少年法第一一条〜第一三条（同行）に基づいて身柄を拘束した場合にも、その規定の目的を達成するのに必要な限度内で、凶器類を取り上げ、保管することができると解されている。

「凶器」とは、社会通念上、人を殺傷するに足りる性能を有する器具をいい、いわゆる性質上の凶器（拳銃、刀、剣、やり、火炎びん、爆弾等）のほか、用法上の凶器（包丁、かみそり、鉄棒、こん棒、バット、ゴルフクラブ等）も含まれる。

なお、本規定では、凶器の捜検をした結果、凶器が発見された場合の措置について、強制的に取り上げて保管できる明確な規定がない。

しかし、本項の趣旨に照らしてみれば、警察官の受傷事故防止、相手方の自傷事故防止という目的達成のために必要な範囲内で、発見された凶器を強制力をもって取り上げ、保管することができると解される。この場合、事後保管しておく必要性がなくなれば、その時点で、本人に対し返還することとなる。

また、もし発見された物が所持禁止物件である場合は、任意提出を受けて領置するか、所持の現行犯として逮捕した上、その逮捕の現場で令状なくして差し押さえることになる。

設例における、A巡査は、男の逮捕に当たり、受傷事故防止と男の自傷防止という目的をもって、凶器の捜検を行ったもので相手の承諾を必要としない行為であることから、適法な職務執行行為である。

捜索・差押えとの相違

刑訴法第二一八条、第二二〇条における差押えと、本項の捜検との関係を対比すると、次のとおりになる。

(1) 目的

ア　警職法

本人及び他人の生命、身体、財産の安全を確保するため

イ　刑訴法

証拠物の捜索及びその保全という犯罪捜査のため

(2) 時間的制限

ア　警職法

身柄拘束中である限り、いつでも、何回でも行うことができる。

イ　刑訴法

第二一八条の場合は令状の執行時に、第二二〇条の場合は逮捕時にだけである。

(3) 捜検の程度

ア　警職法

裸にしてまで捜検することは許されず、通常は、衣服の上から触れ、上着を脱がせる程度である。

イ　刑訴法

身体の検査に及ぶときは、身体検査令状を必要とする。第二二〇条の場合は身体の捜索のみならず、身体の検査にも令状を必要としない。

(4) 凶器発見時の措置

ア　警職法

受傷防止、自傷防止という目的達成のために必要な範囲内で、発見された凶器を強制力をもって取り上げ、保管することができる。事後保管しておく必要がなくなれば、その時点で本人に返還する。

イ　刑訴法

その物件が、犯罪の用に供したもの、犯罪により得たもの等証拠物又は没収し得べき物であれば、差し押さえることができる。本件以外の証拠物であれば、任意提出を受けて領置するか、令状を得て差し押さえる。所持禁止物件であれば、状況によっては被疑者を現行犯逮捕し、同時に差し押さえる。

15　自動車検問の根拠

甲警察署交通係長A警部補は、当直勤務中、隣接署管内で、暴走族同士の対立抗争により重大傷害事件が発生し、被疑者は車に乗って逃走中、緊急配備を発令する旨の一一〇番指令を傍受したため、
当直員とともに管内の検問指定場所である曙橋に急行した。検問場所に急行途中、無線機で事件概要を傍受していたところ「犯人は二人組で、相手の暴走族を鉄パイプで殴打して重傷を負わせた後、白っぽいスポーツカータイプの乗用車で逃走中であり、ナンバー、車種等は不明」であることが判明した。
A警部補は、曙橋に到着後、検問場所の当直員に対して指示した。
犯人は二人組で、白っぽいスポーツカータイプの車で逃走しているため、
検問対象車両は白っぽいスポーツカータイプの車両に限って検問を行う！
10分間で三台の白っぽいスポーツカータイプの車を停止して職務質問を実施したが、いずれも事件と無関係であることが判明した。
しかし、四台目の白っぽいスポーツカータイプの二人乗りの車が、検問場所の手前約50mの地点に達した時、急にスピードを上げ、
停止指示に従わず検問場所を突破して逃走したため、
A警部補らは直ちにパトカーで追跡。

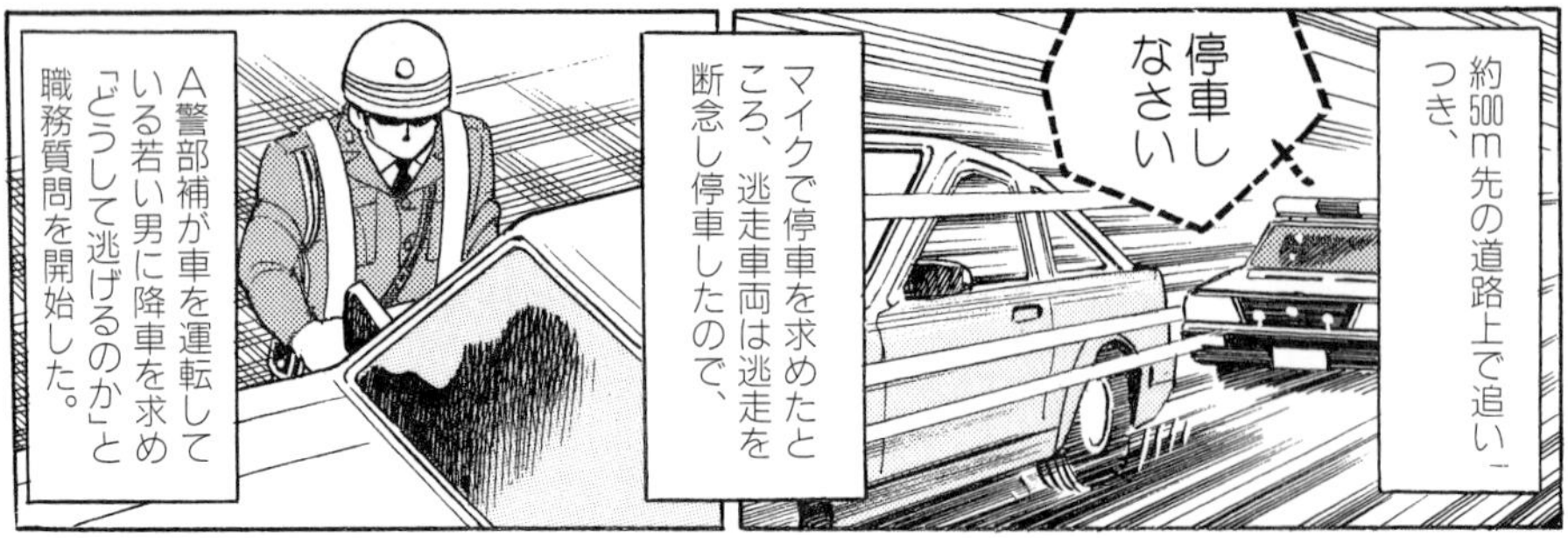
約500m先の道路上で追いつき、
停車しなさい
マイクで停車を求めたところ、逃走車両は逃走を断念し停車したので、
A警部補が車を運転している若い男に降車を求め「どうして逃げるのか」と職務質問を開始した。

キーポイント
自動車検問の根拠はなにか、また設例の自動車検問は適法か

根拠

自動車検問とは、警察官が犯罪の予防、被疑者の検挙、交通取締りなどを目的として走行中の自動車に停止を求め、運転者などの自動車利用者に対して、質問等を行うことをいい、警察の責務を達成する上での重要な手段として、広く行われている。

自動車検問のうち、

○ 現に犯罪者が乗車して逃走中の車両を停車させる
○ 交通違反を現に犯したので停車させる
○ 自動車の乗車、積載又はけん引について危険防止のため特に必要があって停車させる
○ 整備不良車両の運転又は無免許運転、酒気帯び運転等が認められる場合に停車させる

場合については、それぞれ刑訴法第二一三条等（逮捕等）ないし、警職法第二条第一項（職務質問）あるいは道路交通法に基づく危険防止の措置（六一条、六三条一項、六七条一項）として停車させるもので、その根拠法規も明確で、停車について特に問題となることは少ない。

問題となるのは、対象を特定しない、いわゆる無差別検問で、これには、通常、その目的に応じて、

① 交通違反の予防、検挙を目的とする交通検問
② 不特定の一般犯罪の予防、検挙を目的とする警戒検問
③ 殺人、強盗等の一般重大犯罪の発生後、犯人の検挙、情報収集を目的とする緊急配備検問

の三種類に分けて論ぜられるが、このうち、判例が、警職法第二条第一項を根拠として、自動車検問を認めているのは、②の警戒検問及び③の緊急配備検問についてである。

すなわち、一般の歩行者であれば警察官はその挙動、態度を注視することによって、同条の職務質問の要件の存否

を判断することができるが、高速度で疾走する自動車に乗車している者に対しては停車しなければ職務質問の要件の存否の判断をすることはもとより、かりに自動車に乗車している者に職務質問の要件をそなえた者がいたとしても職務質問を行うことは事実上不可能である。

しかし、同条の職務質問は、高速度の交通機関を利用する者に対しては行わないという前提のもとに立法されたものではない。しかも、同条第一項は相当な理由のある者、知っていると認められる者とのみ規定し、職務質問の対象となる者について自動車を利用する者を除外するものではないことは文理上からも明らかである。

したがって、自動車を利用する者に対しても警察官に対し職務質問の権限を与えているものと解すべきであり、徐行しているオープンカーのような場合を除き職務質問の要件の存否を確認するため自動車利用者に停車を求める権限をも合わせて与えたものといわなければならない。

限界

しかし、自動車の停車を求める権限は無制限ではなく、

① 自動車の停止を求める行為は任意手段でなければならず、道路に障害物を置く等の物理的に停車を強制する方法は許されない。

② 犯罪を犯し、若しくは犯そうとしている者が自動車を利用しているという蓋然性のある場合でなければならない。

③ 自動車の停止を求めることが、公共の安全と秩序の維持のために自動車利用者の自由を制限してもやむを得ないものとして是認される場合でなければならない。

という制限が課せられる。

判例も「犯罪を犯し、若しくは犯そうとしている者が自動車を利用しているという蓋然性があり、自動車の停止を求めることが公共の安全と秩序の維持のために自動車の利用者の自由を制限してもやむを得ないと是認される場合は、職務質問の前提として、強制にわたらない限度で自動車の停止を求めることができる。」（大阪高判昭三八・九・六）と判示している。

⚜

したがって、設例におけるA警部補らの緊急配備検問中の自動車検問は、判例に照らしても明らかなように、その挙動や周囲の事情から合理的に判断して、犯人が乗車している蓋然性の強い逃走車両に対し、職務質問の前提として強制にわたらない限度で自動車の停車を求めたものであり、警職法第二条第一項に基づく適法な行為である。

（保護）

第三条 警察官は、異常な挙動その他周囲の事情から合理的に判断して次の各号のいずれかに該当することが明らかであり、かつ、応急の救護を要すると信ずるに足りる相当な理由のある者を発見したときは、取りあえず警察署、病院、救護施設等の適当な場所において、これを保護しなければならない。

一 精神錯乱又は泥酔のため、自己又は他人の生命、身体又は財産に危害を及ぼすおそれのある者

二 迷い子、病人、負傷者等で適当な保護者を伴わず、応急の救護を要すると認められる者（本人がこれを拒んだ場合を除く。）

2 前項の措置をとつた場合においては、警察官は、できるだけすみやかに、その者の家族、知人その他の関係者にこれを通知し、その者の引取方について必要な手配をしなければならない。責任ある家族、知人等が見つからないときは、すみやかにその事件を適当な公衆保健若しくは公共福祉のための機関又はこの種の者の処置について法令により責任を負う他の公の機関に、その事件を引き継がなければならない。

3 第一項の規定による警察の保護は、二十四時間をこえてはならない。但し、引き続き保護することを承認する簡易裁判所（当該保護をした警察官の属する警察署所在地を管轄する簡易裁判所をいう。以下同じ。）の裁判官の許可状のある場合は、この限りでない。

4 前項但書の許可状は、警察官の請求に基き、裁判官において已むを得ない事情があると認めた場合に限り、これを発するものとし、その延長に係る期間は、通じて五日をこえてはならない。この許可状には已むを得ないと認められる事情を明記しなければならない。

5 警察官は、第一項の規定により警察で保護をした者の氏名、住所、保護の理由、保護及び引渡の時日並びに引渡先を毎週簡易裁判所に通知しなければならない。

16　保護の意義

A巡査が、甲駅前交番において当番勤務中の午後11時頃、交番の右隣に接する甲駅の顔見知りの駅員が交番を訪れ……

おまわりさん、酔っ払いが駅のホーム上で寝そべっています。駅員が早く家へ帰るよう言っているんですが、言うことを聞いてくれません。このままにしていたら、線路に落ちる危険もあるので何とかしてください！

—甲駅ホーム—

もしもし、ここに寝ていては危ないから起きて家へ帰りなさい！

男は泥酔のために全く前後不覚で、ゴロゴロ寝返りをうつだけの状態であった。

このまま放置しては、ホーム上から線路に転落する等の危険性がある………

すみませんが、パトカーを呼んでください！

はい、分かりました。

A巡査は、到着したパトカーの乗務員と協力して男を抱き起こし、パトカーで本署へ搬送の上、保護室において保護した。

キーポイント
① 警職法第三条の保護とはなにか
② 保護の要件はなにか

保護の意義

警職法第三条第一項は、警察官は、異常な挙動その他周囲の事情から合理的に判断して、

① 精神錯乱又は泥酔のため、自己又は他人の生命、身体又は財産に危害を及ぼすおそれのある者
② 迷い子、病人、負傷者等で適当な保護者を伴わず、応急の救護を要すると認められる者（本人がこれを拒んだ場合を除く。）

に該当することが明らかであり、かつ、応急の救護を要すると信ずるに足りる相当な理由のある者を発見したときは、取りあえず警察署、病院、救護施設等の適当な場所において、これを保護しなければならないと規定している。

本条は、警察法第二条に定める個人の生命、身体の保護の責務を遂行するための具体的な一方法として、精神錯乱者、迷い子等が応急の救護を要する状態にある場合に、警察官が取りあえずこれらの者を保護すべきことを定めたものである。

人の生命、身体、財産の保護は警察に与えられた責務であるから、これは警察の性質上差し迫った危険な状態から保護するということであり、いわゆる保育作用として行われる生活保護あるいは後見的保護とは異なり、急を要する場合の応急措置としての一時保護を意味する。

また、本条の保護は、応急の救護を要し、しかも本人の家族等の力では十分に救護ができないと認められる者を発見したときは、これを救護し、積極的に本人を保護するのが警察官の職務であることを示したものでもある。

保護の要件

本条による保護の要件は、異常な挙動その他周囲の事情から合理的に判断して、応急の救護を要すると信ずるに足りる相当な理由のある者を発見した場合に、取りあえず、適当な場所に保護することである。

「異常な挙動その他周囲の事情から合理的に判断して」とは、「信ずるに足りる相当な理由のある者」にかかるもので、第二条の質問の場合と同様の規定の仕方である。

その趣旨は、第二条の場合と同じく、保護すべきかどう

かの判断について、警察官の一方的主観的な判断を排斥し、社会通念による客観的判断によるべきことを求めたものである。すなわち、不自然な動作、態度その他周囲の状況から考えて、一般社会人であればだれもが精神錯乱や迷い子等であると認め、しかも、今すぐに保護しなければ本人の身が危ないと考えるであろうというような者について、本条の権限を行使すべきであることを定めたものである。

「応急の救護を要する」とは、保護についての直接かつ基本的な要件である。すなわち、例えば、精神錯乱者が他人の財産に損害を与える危険性がある者であると認められても、直ちに警察官が保護すべきではなく、応急の救護に値する場合にはじめて保護が行われる。

「応急」とは、状況が差し迫っていることをいい、今直ちに救護しなければ本人の身が危ないという状況にあることを必要とする意味である。

「救護」とは、本人を救い、その者の生命、身体を保護することである。すなわち、本条の保護は、主として本人のために行われるのであって、その結果、他人に対する危害や迷惑を防止することにもなるが、それは、本人救護の結果であってその主たる目的ではない。

もっとも、本人の救護が、本人の親、兄弟等、本人の私生活の範囲内の者だけの力で達成できるときは、その救護は、まだ警察の責務とはならない。これらの者だけでは本人を助けることができず、放任しておけば、本人の身が危なくなり、そのことが社会の秩序と関連を持ってくる場合にその者を救護することが警察の責務となるものである。

「取りあえず」とは、一時的に又は暫定的にという意味である。本人の負傷を本格的に治療したり、成長を見守ったり、財産を後見的に保護したり、経済上の援助を与えたりすることは、家庭、医療施設、救護施設、生活保護施設その他適当な施設、機関の行うべきことであって、警察機関の任務ではない。警察の活動は、これらの機関の継続的な活動が始まるまでの間の一時的なものにとどまるべきものであって、本人の意思能力、自救能力が欠けている場合に、これらの機関に引き継ぐために行われるものである。

「適当な場所」とは、保護するのに適当な場所の意味である。例示の警察署には、交番又は駐在所が含まれるが、警察の留置施設は、適当な場所とはいえない。例示のような施設が近くにない場合には、付近の民家を借りたり、旅館を利用したりするのは、適当な場所における保護である。

設例におけるA巡査の保護は、男の泥酔状態からみて、本人の生命、身体、財産を救護するための応急の措置であり、保護の要件を満たす適法な行為である。

17 他の法律の保護との相違

A巡査は駅前交番において、当番勤務中の午後11時頃、交番前で立番していたところ、駅の方から何やら騒がしい音が聞こえてきた。

よさほいのほい〜

何だ……行ってみるか……

A巡査が駅の改札口の方へ行ってみると、自動券売機の前で酒に酔った男が乗降客に向かって卑わいな歌を歌っていた。

ひとつでた〜

ヒック
ヒック
このまま放置しては転倒するなどして、本人の生命、身体に危害が及ぶおそれがあるな……

酩規法三条に基づき保護しよう。

君、危ないから、こっちへ来なさい！

キーポイント

警職法第三条の保護と酩規法第三条の保護との相違はなにか

酩規法の保護

酩規法第三条第一項は、「警察官は、酩酊者が、道路、公園、駅、興行場、飲食店その他の公共の場所又は汽車、電車、乗合自動車、船舶、航空機その他の公共の乗物において、粗野又は乱暴な言動をしている場合において、当該酩酊者の言動、その酔いの程度及び周囲の状況等に照らして、本人のため、応急の救護を要すると信ずるに足りる相当の理由があると認められるときは、取りあえず救護施設、警察署等の保護するのに適当な場所に、これを保護しなければならない。」と規定している。

本条は、警職法第三条が保護対象を「泥酔者」と限定していたため、警職法では保護できなかった泥酔に至らない「酩酊者」を保護できるようにし、保護の万全を期そうとする趣旨で設けられた規定である。

本条は、警察官に酩酊者本人のための保護に関する権限を与えるものであって、犯罪の予防等に関する権限を与えたものではない。すなわち、警職法による保護と同様、差し迫った状態にある者に応急的救護の必要性を認め、警察官が一時的にその責任において保護することを意味し、その性格は警察上の即時強制である。

酩規法にいう「酩酊者」の概念には、泥酔者が含まれることから、泥酔者も本条で保護すればよいといった考え方もできるが、本条は警職法第三条の規定を補充するという制定趣旨からみて、泥酔者は、基本法である警職法を適用して保護することになる。

警職法と酩規法の保護の相違

警職法第三条の保護と酩規法第三条の保護との相違は、次のとおりである。

(1) 保護対象者

ア　警職法——泥酔者である。泥酔者とは、アルコールの影響により意識が混濁した状態の者をいい、正常な判断能力、意思能力を欠いた状態をいう。社会通念上は「深酔いした」「へベレケに酔った」状態の者をいう。

イ　酩規法——酩酊者である。酩酊者とは、アルコールの影響により正常な行為ができないおそれのある状態にある者をいい、相当程度に酒に酔って、ふらつく、暴れる、騒ぐ、からむなどする者をいう。

(2) 保護の要件

ア　警職法――泥酔のため自己又は他人の生命、身体及び財産に危害を及ぼすおそれのあること。例えば、泥酔者をそのまま放置しておけば、川にはまったり、車にひかれたりする心配がある場合や、他人に殴りかかったりするおそれがある場合が、これに当たる。

イ　酩規法――酩酊者が公共の場所、乗物において粗野又は乱暴な言動をしている場合に、本人のため応急の救護の必要性が認められること。「公共の場所」とは不特定多数人が、自由に利用し、出入りすることができる場所で、道路、公園、駅、興行場、飲食店等はその例示である。「公共の乗物」とは、不特定多数人が自由に利用することができる乗物で、汽車、電車、乗合自動車、船舶及び航空機等はその例示である。「粗野又は乱暴な言動」とは、場所がらをわきまえない粗末で野卑又はみだりに荒々しい言語、又は動作の意味であり、他人にけんかや口論をふきかけたり、からんだりする行為、公衆の面前でわい雑な放歌をする行為、喧騒にわたるような大声で、どなり続けている行為などである。「本人のため応急の救護の必要性が認められる」とは、本人の生命、身体又は財産に及ぶであろう危害を防止するといった意味で、転倒したり、ぶつかったりするおそれがあるとか、粗野又は乱暴な行為によって罪を犯すおそれがあるなどの状況が認められることである。

(3) 行為の行われた場所

ア　警職法――場所的制限はない。

イ　酩規法――公共の場所又は公共の乗物で粗野又は乱暴な言動をしていることが必要である。

(4) 保護時間の制限

ア　警職法――原則として、二四時間を超えてはならない。ただし、簡易裁判所裁判官の許可状のある場合はその時間内保護することができるが、その期間は当初保護を開始したときから最長五日間である。

イ　酩規法――二四時間を超えることはできない。二四時間を超えない範囲内でその酔いをさますために必要な時間でなければならない。

✢

設例におけるA巡査の保護は、男の酔いの程度及び周囲の状況等に照らして、酩規法第三条の保護として適法な職権行使である。

18　保護の対象

A巡査が日勤日に管内の〇〇神社において、縁日の雑踏警備に従事中………

エ〜〜ン
エ〜〜ン
どうしたんですか？

この子が神社の入口のところで泣いていました。

どうしたのか聞いたところ、お母さんとはぐれてしまったとのことです。

エ〜ン
エ〜ン
この子のお母さんを探してやってください！

A巡査は、この3歳位の女の子が、母親と縁日に来て、迷い子になったものと判断し、神社の詰所に女の子を連れて行き、名前などを聞こうとしたが、泣きじゃくるだけで要領を得ないため………

境内に設置してある放送設備を使用して、境内の全域に女の子の身体特徴や着衣等を明示して、神社の詰所で女の子の迷い子を保護している旨を、3分間おき位に10回ほど境内放送したが、女の子の母親とおもわれる者は現われなかった。

近くの本署において保護し、少年係の女性警察官に女の子を託した方がよさそうだな。

そうしよう。

もうすぐお母さん、見つかるよ！

いやだよ、いやだよ。

本署に連れて行こうとしたところ「いやだ」と大声で泣きはじめたが、なだめながら本署に連れて行き、保護した。

キーポイント

① 保護の対象者とは誰か
② 保護の対象者が、保護されることを拒否した場合でも保護することができるか

保護の対象者

警職法第三条による保護の対象者は、異常な挙動その他周囲の事情から合理的に判断して、
① 精神錯乱又は泥酔のため、自己又は他人の生命、身体又は財産に危害を及ぼすおそれのある者
② 迷い子、病人、負傷者等で、適当な保護者を伴わず応急の救護を要すると認められる者（本人がこれを拒んだ場合を除く。）
で、応急の救護を要すると信ずるに足りる相当な理由のある者である。

①に当たるのは、精神に異常を来している者及び理性又は判断能力が正常でない者で、これらの者が、自己又は他人の生命、身体又は財産に危害を及ぼすおそれのある場合である。

「精神錯乱」とは、精神に異常がある者をいい、医学上の精神病者のほか、強度のヒステリー患者、強度の興奮状態にある者その他社会通念上精神が正常でない状態をいうものである。「泥酔」とは、アルコールの影響により意識が混濁した状態をいい、社会通念上、「深酔いした」「へべレケに酔った」状態と認められればよい。

「自己又は他人の生命、身体又は財産に危害を及ぼすおそれ」とは、精神錯乱者や泥酔者が正常な判断能力を欠いて、自己又は他人の生命、身体又は財産に危害を及ぼすおそれがある状態にあることであり、例えば、泥酔者をそのまま放置しておけば、川にはまったり、車にひかれたりする心配があったり、他人に殴りかかったりするおそれがある場合が、これに当たる。

②に当たる者は、自救又は自衛能力の乏しい者である。「迷い子、病人、負傷者等」とは、自分で自分の生命、身体、財産を守ることができない状態にある者、すなわち、自救能力のない者を例示したものである。「等」の中には、例えば、捨て子、飢餓に瀕している者、山岳で遭難した者、道に迷った病弱な高齢者、妊産婦などが考えられる。家出人は、家庭の事情から自分の意思で家を出た者であるから、原則として、この自救能力のない者に入らない。

これらの者が、適当な保護者を伴わず応急の救護を要す

ると認められる場合である。

「適当な保護者を伴わず」とは、自救能力のない者について、例えば、親、兄弟、教師、医師、責任ある同行者が一緒にいない場合をいい、これらの者が一緒にいる場合には、それらの者が第一次の保護責任者であって、直ちに警察官が保護に当たるべきでなく、また、その必要もない。この場合、警察官は第二次的な保護責任者である。

①及び②に当たる者で、応急の救護を要すると信ずるに足りる相当な理由のある者、すなわち、今直ちに救護しなければ本人の身が危ないという状況にあることを必要とする。

判例も、保護に関し、「被告人がいささか飲酒酩酊していたにすぎず、何ら応急の救護を要する状態になかつたにもかかわらず、いわゆる保護を要するでい酔者と速断して、やにわに被告人の手を捕らえたのであつて、これは著しく事実を誤認したもので、到底公務の執行とは認められない。」（福岡高判昭三〇・六・九）と判示している。

本人の意思に反した保護

警職法第三条第一項第二号は、保護の対象者として「迷い子、病人、負傷者等で、適当な保護者を伴わず応急の救護を要すると認められる者」を定めているが、「本人がこれを拒んだ場合を除く」とし、本人の意思で明白に拒絶した場合には強制的に保護することができないことを定めている。保護の本質は、社会公共のために本人の人権を拘束するのではなく、逆に、本人の人権を補充又は充足する作用であるからである。

すなわち、保護のために警察権を行使することよりも、本人の意思を尊重することの方が大切であるとする趣旨であるから、強制的に保護を加えることができると解するのは無理で、任意手段としての保護の措置を定めたものと解すべきである。ただ、この場合の拒否の意思は、本人の真意から出たものでなければならないから、例えば、意思能力のない幼児の迷い子が単に「いやだ、いやだ」といったからといって、これで拒否の意思があったと認めるのは妥当でない。また、本号は通常、黙示の承諾が推定される場合であるから、特に明確な拒否の意思がなければ、承諾があったものと推定して保護の措置をとるべきである。

✈

したがって、設例におけるA巡査の保護は、たとえ女の子が「いやだ、いやだ」と言ったとしても、これは拒否の意思があったと認められないばかりか、保護すべき応急の救護を要する状態にあったものであり、適法な保護である。

19　保護の手段

地域係長のA警部補が当番勤務の午後11時頃、パトカー勤務員のB巡査とC巡査が、泥酔者として保護した年齢40歳位の一見会社員風の男を本署へ搬送してきた。
A警部補が、B巡査らに取扱い状況を聞いたところ、B巡査らがパトカーで管内の繁華街を警ら中、通行中の車の間を酔っ払いが大声でわめきながら、ふらふら歩いているのを発見した。そのまま放置すると、
酔っ払いの生命、身体に危害が及ぶおそれがあったため、保護し、本署へ搬送してきたものであることが判明した。
A警部補は、その酔っ払いが、本署へ搬送後も署内をうろつき大声を張りあげ暴れ出したため、保護室に入室させた。
バカヤロウ！
保護室
酔っ払いは保護室に入室後も、大声を張りあげ大暴れし、しまいには頭を壁にぶっつけはじめた。
ドン！
ゴン
ゴン
こんな状況では……生命、身体に危害が及ぶかもしれないぞ……
A警部補は、当直責任者である地域課長の指揮を受けた上、B巡査らの協力を得て保護制止バンドを正規の使用方法に従って使用し、保護室に観護者を付して保護した。

キーポイント

① 警職法第三条の保護を行う場合、強制力を行使することは許されるか
② 保護を行うに当たって、戒具の使用は許されるか

強制力の行使

警職法第三条は、精神錯乱者、泥酔者、迷い子等が応急の保護を要する状態にある場合に、警察官が取りあえずこれを保護すべきことを定めている。本条による保護には、強制手段が認められる場合とそうでない場合とがある。

本条第一項第一号に該当する者については、強制力を用いて保護することも可能である。これらの者は、意思能力が欠けているか又はそれに近い状態であるため、本人の意思を問題とせずに保護すべきこととしたのである。それが本人のために必要な場合であり、意思能力が回復すれば本人が承認するであろうことが明白な場合だからである。

これに対して、第二号に該当する者については、本人がその意思で拒否すれば保護しないものとされているので、強制力の行使は許されず、任意手段の範囲にとどまる。これらの者は、自救能力は欠いているが、意思能力はまだ保持している状態であるので、本人の意思を尊重する趣旨である。

特に、強制的に保護する場合には、その者の所持する凶器、毒物等危険な物件を取り上げて保護することができる。本人の判断能力が欠けているか、それに近い場合であるから、保護の強制力にこれらの措置を含まなければ、真に保護の目的を達成することができないからである。

もっとも、その強制力は、保護の目的を達成する限度内に限られ、危険でないものを取り上げたり、犯罪捜査の証拠のために保管することなどは、保護の手続としては許されない。また、同じ趣旨から、被保護者の具体的状況に応じて、例えば、精神錯乱者で、ちょっと目を放せばすぐ出て行ってしまうような場合などは、保護室に施錠することは差し支えないものと解されている。

戒具の使用

警職法第三条第一項第一号に該当する要保護者については、強制力を行使することも可能であり、場合によってはその手段として、保護制止バンドなどの戒具を使用することも許される。

実務では、精神錯乱者及び泥酔者の保護場所は、
○　要保護者の住居等が取扱い現場から近くて連れていける状況であれば、要保護者の住居等
○　要保護者の身元がはっきりしており、身体に異常がなく、かつ、家族等が短時間で引き取りに来られる状況で執務に支障がない場合は、交番等
○　椅子にかけたままおとなしくしているとか、長椅子の上で眠ったままの状況で事務に支障がない場合は、本署事務室内
○　乱暴する、制止をきかずふらつく、引取人が容易に判明しない、又は判明しても時間がかかるような場合で、保護室で保護することが適当と認められる場合は、保護室

などとされているが、保護室において保護する場合には観護者を付けておくことが必要である。

また、特に制止をきかず、暴れる要保護者については、本人の生命、身体を保護するため、急を要する場合を除き、保護主任者の指揮を受けて、保護制止バンドなどの戒具を使用することもできる。ただし、使用後に要保護者がおとなしくなるなどした場合は、速やかに戒具の使用を中止するなど、必要最小限度内で使用することが必要である。

しかし、手錠の使用については慎重を要するため、やむを得ない場合以外は、原則としては他の戒具をもって目的を達する方が妥当である。

判例も、警察官が、警職法第三条第一項第一号に該当する者として保護し、パトカーに乗せようとしたが、要保護者が暴れて乗せることができなかったため、後ろ両手錠をかけて搬送した事案に関し、「警職法による保護は、要保護者のために行われるものであるから、必要に応じて要保護者の意思に反して強制的に行うことができる。もし、その際必要があれば手錠等の戒具を使用することもできる。その際どうしても措置し得ないような特別の事情があれば後ろ手錠も許される」とし、本件の場合は、「戒具の通常の使用方法をもつてしても十分保護の目的を達せられ、後ろ手錠をするような特別の事情は認められない。」（高知地判昭和四八・一一・一四）として、手錠の使用自体に違法はないが、その使用方法については違法とした。

✤

設例におけるA警部補の戒具使用は、泥酔者が保護室内において、自らの頭を壁にぶつけるなどの自傷行為を行っていたことから、本人の生命、身体を保護するため、保護主任者たる地域課長の指揮を受けて、保護制止バンドを使用した上、観護者を付して動静看視を行わせたもので、適切な保護措置といえる。

20 保護の延長・通知

A巡査は、早朝5時頃、管内の鉄道沿線を警ら中、鉄道の線路上を歩いている女性を認めた。

まもなく始発が通過する時間だ！

自殺する気か!?

A巡査は、線路上から立ち退くことをいやがる女性を抱きかかえて線路上から排除した上、パトカーの応援を得て本署へ搬送し、保護した。

本署において女性から事情を聴取したところ、強度の興奮状態ではあったが、○○県から来たこと、自殺をしようとしたこと、主婦であること等が判明した。また所持品から住所、氏名が判明したので、○○県下の自宅に電話して家族の者から事情を聴取したところ、
女性は35歳の主婦で、家庭内のもめ事からノイローゼになり、二日前から家出したまま行方不明であったことが判明し、自宅から家族の者が迎えに行くので、そのまま警察署において保護してほしい旨の依頼があった。

A巡査から取扱い状況の報告を受けた保護主任者である生活安全課長は、
○○県から女性を引取りにくるには保護時間である24時間を超えるおそれがあったことから、
簡易裁判所から二日間の保護許可状をもらい、観護者を付して、翌日、家族の者が迎えに来た正午まで本署において保護した。

キーポイント

① 警職法第三条の保護は、保護の期間を延長することができるか

② 保護の取扱い状況を、簡易裁判所に通知する必要があるか

保護の時間

警職法第三条第二項によると、警察官は、第一項の保護措置をとった場合は、できるだけすみやかに、その者の家族、知人その他の関係者にこれを通知し、その者の引取方について必要な手配をしなければならない。

責任ある家族、知人等が見つからないときは、すみやかにその事件を適当な公衆保健若しくは公共福祉のための機関又はこの種の者の処置について法令により責任を負う他の公の機関に、その事件を引き継がなければならないとされている。

これは、警察の保護が応急的な保護であり、もともと継続的な保護には適さないからである。

警職法第三条第三項は、「第一項の規定による警察の保護は、二十四時間をこえてはならない。但し、引き続き保護することを承認する簡易裁判所（当該保護をした警察官の属する警察署所在地を管轄する簡易裁判所をいう。以下同じ。）の裁判官の許可状のある場合は、この限りでない。」としており、さらに、第四項は、「前項但書の許可状は、警察官の請求に基き、裁判官において已むを得ない事情があると認めた場合に限り、これを発するものとし、その延長に係る期間は、通じて五日をこえてはならない。この許可状には已むを得ないと認められる事情を明記しなければならない。」と規定されている。

警察の保護が「二十四時間をこえてはならない」というのは、警察の応急保護の時間的限界を示したものである。

第二項の規定によって本来の保護責任者に引き渡すのには、原則として、二四時間あれば足りると同時に、警察機関は、本来継続的な保護に当たるに適さないから、これ以上の時間にわたって保護に当たらせるのは、警察の責務が過大となること、更に、保護は、本人のためとはいえ、人身の自由の拘束にわたることがあり得るものであるから、できるだけ短時間であることが望ましいことなどからである。そこで被保護者について保護の必要がなくなれば、例えば、酔いがさめたとか、興奮が落ち着いたような場合には二四時間以内でも、すみやかに保護を解くべきである。

なお、この時間の起算点は、街頭その他で現実に保護に着手したときである。

二四時間以内に、家族等への引き渡し、又は他の機関への引き継ぎを行うことができず、かつ、保護すべき状態が継続していてやむを得ないときは、簡易裁判所の裁判官の許可状を得て、引き続き保護することができる。その期間は、当初保護を開始したときから最長五日間である。

「已むを得ない事情」とは、例えば、家族等の引取人が、警察署に到着するまでに二四時間以上要する場合、風水害のため連絡がとれない場合、へんぴな土地で他に保護を引き継ぐべき適当な施設がない場合などが考えられる。

なお、「通じて五日」とは、保護に着手した日から起算して五日間という意味であり、最初の二四時間は時間単位の計算であるが、通算する場合には、日単位で計算する。したがって、最初の着手が午後一一時であれば、通算して最大限四日と一時間となる。通算五日の範囲内で、延期の更新はできるが、最大限五日目までである。

設例における、保護の延長は、前述のとおり、簡易裁判所の許可状を得て、家族の者が引き取りに来るまでの保護であり、適法な保護措置である。

裁判所への通知

警職法第三条第五項は「警察官は、第一項の規定により警察で保護をした者の氏名、住所、保護の理由、保護及び引渡の時日並びに引渡先を毎週簡易裁判所に通知しなければならない。」と規定している。

本項は、警察で保護した者の氏名、住所等を毎週簡易裁判所に通知する義務を課しているが、これは保護の適否を裁判所に監視させようとする趣旨である。

本項の通知は、毎週の事後報告であって、許可状発付の場合と異なり、裁判官が積極的に行政権の運用に関与するわけではなく、裁判所の事後監督を定めて、できるだけ濫用防止に役立たせようとしたものである。

（避難等の措置）

第四条　警察官は、人の生命若しくは身体に危険を及ぼし、又は財産に重大な損害を及ぼす虞のある天災、事変、工作物の損壊、交通事故、危険物の爆発、狂犬、奔馬の類等の出現、極端な雑踏等危険な事態がある場合においては、その場に居合わせた者、その事物の管理者その他関係者に必要な警告を発し、及び特に急を要する場合においては、危害を受ける虞のある者に対し、その場の危害を避けしめるために必要な限度でこれを引き留め、若しくは避難させ、又はその場に居合わせた者、その事物の管理者その他関係者に対し、危害防止のため通常必要と認められる措置をとることを命じ、又は自らその措置をとることができる。

2　前項の規定により警察官がとつた処置については、順序を経て所属の公安委員会にこれを報告しなければならない。この場合において、公安委員会は他の公の機関に対し、その後の処置について必要と認める協力を求めるため適当な措置をとらなければならない。

21　避難等の措置の意義

A巡査は、所管区内を警ら中、幹線道路に面したガソリンスタンドの敷地内にある危険物貯蔵所から煙が出ているのを発見した。

まわりは商店や民家が建ち並んでいる………

万一、危険物貯蔵所が爆発したら大惨事になるぞ！

おい、危険物貯蔵所から煙が出てるぞ!!

ほ、本当ですか!!

火気厳禁
火が出てる!!

このままでは付近に危害が及ぶぞ!!

至急119番通報を!! それから職員を集めて消火活動と、貯蔵所内の危険物を早く他の場所へ移してください!!

分かりました!!

A巡査は自らも貯蔵所内にある消火器を使用して消火活動を開始した。

キーポイント
避難等の措置とはなにか

避難等の措置の意義

警職法第四条第一項は、「警察官は、人の生命若しくは身体に危険を及ぼし、又は財産に重大な損害を及ぼす虞のある天災、事変、工作物の損壊、交通事故、危険物の爆発、狂犬、奔馬の類等の出現、極端な雑踏等危険な事態がある場合においては、その場に居合わせた者、その事物の管理者その他関係者に必要な警告を発し、及び特に急を要する場合においては、危害を受ける虞のある者に対し、その場の危害を避けしめるために必要な限度でこれを引き留め、若しくは避難させ、又はその場に居合わせた者、その事物の管理者その他関係者に対し、危害防止のため通常必要と認められる措置をとることを命じ、又は自らその措置をとることができる。」と定めている。

人の生命、身体、財産に対する差し迫った危険がある場合に、その危害を防止し、又はその危害を排除して人を救助することは警察に課せられた重要な責務である。このような場合に、警察官がとるべき措置を定めたのが、本条である。

本条に定められたような危険な事態においては、一般の私人であっても、自己又は他人の権利を守るために、本条に定める避難の措置に準じた手段をとり、そのため他人の権利を侵害することがあっても、緊急避難として刑事上、民事上の責任を免れる場合が多い。

ただし、警察官については、「業務上特別の義務がある者」（刑法三七条二項）として、緊急避難の規定は、原則として適用されない。

しかし、これは、自己の法益に対する緊急避難を認めないということで、他人に対する緊急救助までも許さないという意味ではない。そのことを明らかにするため、本条はこのような危険な事態において警察官がとるべき手段とその要件を定め、その職権職務を明確にして、これを公務として保障するとともに、その権限の濫用を防止することとしたのである。

本条は、個人の生命、身体及び財産を尊重する建前から、

○　発動の要件を現実の危険が迫っている場合に限定した

○　措置の対象を主として人とし、付随的に土地、物件に及ぶものとした

○　権限濫用の防止と避難措置の万全を期するため、事後手続を定めた点に特色がある。

他の行政法規との関係

警職法第四条第一項は、警察として危険な事態に対処するための一般的な根拠規定である。他に警察官の権限を認めた法律の特別の規定がある場合には、原則としてその特別の規定に基づく権限が行使され、この規定に基づく権限は補充的に行使されるのにとどまる。

なお、危険な事態が現実に生じた場合に対処する権限が他の機関（の職員）に与えられている場合には、警察としては、その機関と密接な連絡を取りつつ、この警職法等に基づく権限を行使することとなる。他の機関の職員の権限行使を、警察の権限行使に優先させるという特別の規定がない限り、警察の権限と他の機関の権限との間に優劣の差はない。他の機関に権限が与えられている場合であっても、警察としての権限と責任とが失われるものでないことはいうまでもない。

設例におけるA巡査の行為は、ガソリンスタンドの危険物貯蔵所内が火災のため、他の危険物に引火した場合、大惨事になるという急迫の事態での行為であり、避難等の措置として適法な職権行使である。

Reference

危険な事態に対処するための警察官の権限の規定

① 道路交通法～第六条第四項（警察官等の交通規制）、第六一条（乗車・積載・牽引に関する危険防止の措置）、第六三条第二項（整備不良車両に関する命令）、第六七条第四項（無免許・酒気帯び・過労運転等に対する危険防止措置）、第七二条（交通事故の場合の措置）、第七五条の三（高速道路における危険防止等の措置）、第八三条（工作物等に対する応急措置）

② 火薬類取締法～第四五条の二（火薬類運搬に関する応急措置命令）

③ 災害対策基本法～第六一条第一項（災害発生時における避難のための立退き又は緊急安全確保措置の指示）、第六三条第二項（警戒区域の設定）

22　危険な事態

甲警察署の警備課長A警部は、管内にある競輪場において、客が主催者側のレースにおける着順の判定に不満を抱き、暴れ出したという一一〇番指令を傍受した………

A警部は、直ちに署員の当務員招集を行い、警備部隊を編成して競輪場に急行した。

警備部隊が競輪場に到着した時には、競輪場内の事務所付近から煙が出ており、場内は騒然としていた。

このままでは競輪客の暴動は更に拡大し、客や競輪場の職員等の生命や身体に危害が及ぶ状況にあったため、直ちに、
A警部は競輪場の職員をして、競輪場への車両や人の出入りを禁止させるとともに、
警備部隊を場内に配置した。

A警部は部隊を配置後、場内放送を通じて客に対し、不穏な行動を直ちに中止するよう警告するとともに、暴動に関係ない客は場内から避難するよう勧告した。

また、部隊に対しては暴動に関係のない客を場内から避難させるとともに、避難の勧告に従わない者は排除するよう命令した。

キーポイント
① 危険な事態とはどんな事態をいうのか
② 法に明示されている危険な事態は限定的列挙か、例示的列挙か

危険な事態の意義

警職法第四条第一項は、人の生命若しくは身体に危険を及ぼし、又は財産に重大な損害を及ぼす虞のある危険な事態として、「天災、事変、工作物の損壊、交通事故、危険物の爆発、狂犬、奔馬の類等の出現、極端な雑踏等」を規定している。

「人の生命若しくは身体に危険を及ぼし、又は財産に重大な損害を及ぼす虞のある」とは、天災、事変以下に例示される危険な事態の性質を限定したものである。

このような限定の仕方は、警職法第五条（犯罪の予防及び制止）及び第六条（立入り）にも用いられているところであり、人の生命、身体又は財産に直接の危害を及ぼすに至らない抽象的な公共の危険、すなわち、社会公共の秩序を乱すような事態を排除する趣旨である。本条の目的及び性質から考えて、このように人身に対する直接の危険に限定したことは、第五条や第六条の場合と異なり、妥当なところである。

この場合の「人」は、不特定多数の者、すなわち公衆に限らず、個人も含まれる。ただ、個人の行為又は状態が特定の管理者又は関係者により秩序を維持される生活範囲内にとどまる場合には、一般に警察は直ちにこれに関与しないのが建前であるから、個人に対する危険がその程度にとどまる場合に、常に警察官が本条による措置をとるものではない。

なお、財産について軽微な損害を与えるにすぎない危険な事態については、本条による措置をとることができない。

「天災」とは、暴風、豪雨、大水、高潮、地震、津波、地すべり、雪崩、噴火、落雷、竜巻きその他異常な自然現象による災害をいい、「事変」とは、戦争、内乱、暴動、騒乱、火災等の異常な社会現象をいう。

「工作物の損壊」の「工作物」とは、人為的な労作を加えることにより土地に固定して設備されたものをいう。建物のほか、橋、トンネル、鉄道、軌道、ケーブル、堤防、井戸、炭坑、電柱、記念碑、広告塔等がある。「損壊」とは、老朽、故障、破壊等によって、その物の全部又は一部が不完全な状態になることである。

「交通事故」とは、航空機、電車、船、自動車等の交通機関によって、人が死傷し、又は物が損壊することをいう。

「危険物の爆発」の「危険物」は、爆発性の性質を有するものをいう。火薬類取締法にいう火薬類、爆発物取締罰則にいう爆発物が含まれることはもちろん、ガス類、ガソリン類、爆発性化学薬品、ガスタンク、ボイラー、核原料物質、原子炉等が、ここにいう危険物である。

「狂犬、奔馬の類等の出現」とは、狂犬でなくても人にかみつきそうな野犬、畜犬、また、暴れている牛、大きなサル、ヘビ、ライオン、トラその他動物園から脱走した猛獣、猛禽（もうきん）等は、すべて「類」又は「等」の中に含まれる。

「極端な雑踏」とは、劇場、映画館、競技場等の場所又は祭礼、花火大会、集会等の催しにおいて、人々が多数集まることが多いが、これらの場合に、その集まった人々の間に秩序がなく、著しく混乱を呈している状態又はその集まり方がその場所の収容能力に比べて著しく過度にわたっている状態をいう。

ここに例示された事案が、直ちに本条における「危険な事態」となるものではない。この中で現実に人の生命、身体、財産に危害を及ぼすおそれがある状況のある場合で、危険発生が迫っている状態が、ここでいう「危険な事態」となるのである。

例示的列挙

警職法第四条第一項に例示された「危険な事態」は、危険な事態に及ぶ可能性が多いと思われる事案をできる限り具体的に示したものであり、例示的列挙である。

「等」の中には、本条の例示と類似性をもち、人に危険を与えるような種々の自然現象又は社会現象が含まれる。例えば、著しい放射能を多量に含んだ降雨がある場合、飲料用水が鉱毒などで侵された場合、野球場、競輪場等で紛争が起きて、見物人や野次馬がひどく暴れている場合、殺気だったけんかが行われている場合、演習場で実弾の射撃演習が行われる場合などが考えられ、その性質、原因を問わず、また、その状態や行為が法律上又は社会上正当なものであるか、不正なものであるかを問わない。現実に人に危険を与えるおそれがある現象すべてを含むものである。

したがって、設例における事案は、警職法第四条第一項に例示された「危険な事態」ではないが、例示の危険な事態と類似性をもち、現実に人に危険を与えるような社会現象であり、避難等の措置の権限を行使し得る「危険な事態」に該当するもので、警備部隊の職権行使は適法である。

23　避難等の手段

甲県警高速隊のA、B巡査部長の両名は、○○自動車道をパトカーで警ら中、同自動車道の○○トンネル内で交通事故が発生した旨の緊急指令を傍受し、現場である○○トンネルに急行した。

入口から約500mのトンネル中央付近において乗用車がトラックの後部に追突し、大破の状態で停止しており、燃料タンクからガソリンが漏れたらしく炎上し、煙が充満してきている状況であった。

トンネル内には事故の状況を知らない他の車両が進行してきたため、渋滞状態になり、事故に気づいた車両が後退できない状況でパニック状態を呈してきた。

火災だってよ！

早く後退しなきゃ！

両巡査部長は、このままの状態では炎上車両の火が他の車両に引火したり、火災による煙の充満によって、他の車両の運転者等の生命、身体等に危害が及ぶおそれが出てきたため、
A巡査部長は、交通事故の負傷者の救護をその場に居合わせた他の車両の運転者等に依頼するとともに、
その他の者をトンネルの入口に走らせ、トンネル内に進行してくる車両に事故の状況を知らせ、通行止めをするよう命じた。

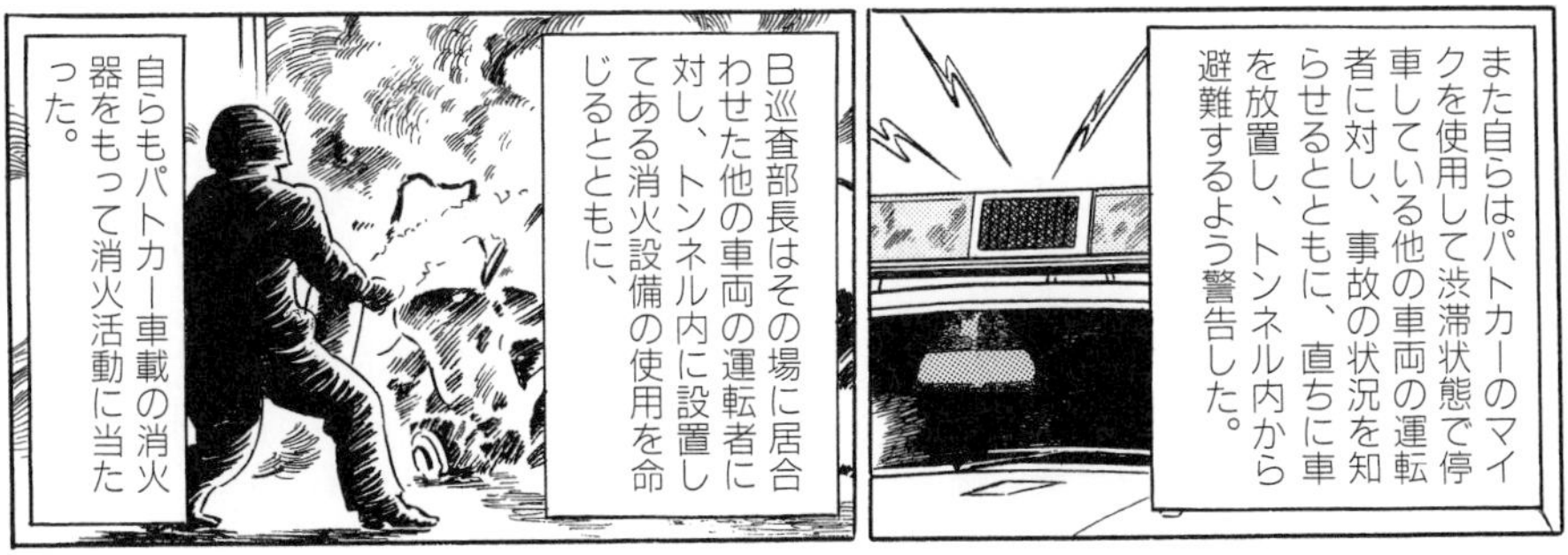
また自らはパトカーのマイクを使用して渋滞状態で停車している他の車両の運転者に対し、事故の状況を知らせるとともに、直ちに車を放置し、トンネル内から避難するよう警告した。
B巡査部長はその場に居合わせた他の車両の運転者に対し、トンネル内に設置してある消火設備の使用を命じるとともに、
自らもパトカー車載の消火器をもって消火活動に当たった。

キーポイント
警察官が避難等の措置を行うに当たって、行使し得る手段はなにか

警告

警職法第四条第一項は、警察官は危険な事態がある場合に、警察官が避難等の措置を行うに当たって、行使し得る手段として、警告その他の措置を規定している。

すなわち、その場に居合わせた者、その事物の管理者その他関係者に必要な「警告」を発することができる。

「警告」は、その場に居合わせた者等に対し、危険からの避難又は危険の防止について必要な予告又は注意を与えることである。例えば、豪雨で堤防決壊のおそれがある場合に、住民に避難用意の注意を与えたり、橋が壊れている場合に通行危険の掲示をし勧告することなどである。

「警告」は、警察官の意思の通知であって、警察下命と異なり、これに従う法的義務を生ずるものではないが、関係者は警察官の正当な警告を受忍する義務がある。

警告の方法としては、通常、口頭、文書、掲示等が用いられるが、これに限らず、その事態に適した方法を用いることができる。例えば、ラジオ、テレビにより放送し、場合によっては、ヘリコプターを飛ばし、白バイ、パトカーを走らせることなども考えられる。ただ、相手の意思に反してその身体に実力を加えることはできず、説得の手段にとどまるべきものである。

引き留め・避難

「特に急を要する場合」には、危害を受けるおそれのある者に対し、その場の危害を避けしめるために「必要な限度」でこれを「引き留め」、若しくは「避難」させることができる。

「特に急を要する場合」とは、危険な事態がある場合の中

でも、現実にその危険が一段と切迫して来た状態をいう。もはや警告の手段では間に合わず、即時強制の手段を用いなければ、危害を避けることができないような場合である。いったん警告を与えたが、相手が警告に従わないで事態が進展した場合も含まれる。

「引き留め」とは、危険な場所に入らないように抑止すること、「避難」とは、危険な場所から退避させることである。いずれも必要な場合には、必要な限度で、相手の意思にかかわらず実力をもって行うことができる。実力を行使しないで目的を達することの方が望ましいことはもちろんであり、強制手段を用いるのは、それがやむを得ない場合に限られる。

これら「引き留め」、「避難」は、警察官が用いる手段とその程度がその事態を解決するために必要な限度に限られること、すなわち、必要以上に人身拘束などにわたってはならないことを明確にしており、「必要な限度」でなければならない。

命令等

その場に居合わせた者、その事物の管理者その他関係者に対し、危害防止のため「通常必要と認められる措置」をとることを「命じ」、又は「自らその措置をとる」ことができる。

「通常必要と認められる措置」とは、社会通念上、危害防止のために普通用いられる手段のことである。具体的状況に照らし、多種多様の措置があり得るから、強いて例示されなかったが、例えば、危険区域への立入りの禁止、制限、橋や道路の応急工事、破損した広告塔の撤去、電車、自動車の停車、火薬の分散や消火、狂犬の撲殺、野次馬の解散、競技場への入場停止等が考えられる。しかし、本条には、経済的負担に対する損失補償が定められていないところからみて、他人の土地、物件の使用、収用等の公用負担の権限は含まれていないと解すべきであろう。そうした措置が必要な場合には、例えば、災害対策基本法第六四条、第八二条等損失補償の定められた特別規定によるべきである。

「命じ」とは、警察上の下命行為であり、命ぜられた者は、その命令に従う法的義務を生ずる。この義務の不履行については、警職法では罰則を設けていない。ただ、この命令に従わない者については、軽犯罪法第一条第八号の規定が適用される場合が多い。

「自らその措置をとる」とは、危害防止のため、警察官自らが「通常必要と認められる措置」をとることである。管理者その他の関係者の措置を待ついとまのない場合には警

察官が独自で、関係者だけの力では間に合わない場合には、警察官自らがその事柄を行い、目的を実現する必要がある。これは、警察官自らの即時強制の手段を定めたものであって、義務の不履行がある場合の代執行を定めたものではない。

このように、警察官は避難等の措置に当たっては、各種の手段をとり得るのであって、設例におけるA及びB巡査部長のとった避難等の措置は適法な行為である。

Reference

軽犯罪法第一条第八号

軽犯罪法第一条第八号では、「風水害、地震、火事、交通事故、犯罪の発生その他の変事に際し、正当な理由がなく、現場に出入するについて公務員若しくはこれを援助する者の指示に従うことを拒み、又は公務員から援助を求められたのにかかわらずこれに応じなかつた者」を処罰（拘留・科料）の対象としている。

24　避難等の対象者

A巡査は夜間警ら中、管内のビジネスホテルで火災が発生した旨の一一〇番指令を傍受したことから、現場であるビジネスホテルへ急行した。
A巡査が現場に到着した時にはビジネスホテルの二階付近から火の手が上がっており、ホテルのまわりには野次馬がい集している状況であった。
消防車はまだ到着していないな……
このままでは火災が拡大し、野次馬はもとより、
ホテルの宿泊者、ホテルに隣接する民家の居住者等に危害が及ぶおそれがあるぞ
野次馬に対して、危険であるから現場から離れるよう警告するとともに、
ガヤ
ガヤ
離れてください！
ホテル内に立ち入り、
管理者及び職員に対し、直ちに消火活動並びに宿泊客の避難誘導に従事するよう命じ、
自らも、宿泊客の避難誘導活動に当たった。

> **キーポイント**
> **警察官が避難等の措置を行うに当たって、危害防止や避難のための警告及び必要とされる措置などを命ずることができる対象者はだれか**

避難等の対象者

警職法第四条第一項は、警察官は天災、事変等の危険な事態がある場合においては、「その場に居合わせた者」、「その事物の管理者その他関係者」に必要な警告を発し、及び特に急を要する場合においては、「危害を受ける虞のある者」に対し、その場の危害を避けしめるために必要な限度で、これを引き留め、若しくは避難させ、又は「その場に居合わせた者」、「その事物の管理者その他関係者」に対し、危害防止のため通常必要と認められる措置をとることを命じ、又は自らその措置をとることができる、と定め、その対象者を明示している。

(1) その場に居合わせた者

危険が発生しそうな場所、現に発生している場所又はその近くの場所にいる者一切をいう。

(2) その事物の管理者その他の関係者

① 「その事物」とは、危険事態に直接関係のある物件、動物、場所、会合、催し物等をいう。「管理者」とは、その事物を直接支配している者である。工作物や場所の管理人、交通機関の運転手、危険物の運搬者、動物の飼い主、催し物の主催者、実弾演習の指揮者などがこれに当たる。

② 「その他関係者」とは、その危険事態に直接又は間接に関係がある者をいう。関係事物の管理者の部下、使用人、助手、手伝い、危険防止又は避難について協力し得る者、その事態により被害を受けるおそれがある者などがこれに当たる。

(3) 危害を受ける虞のある者

まだ、危害を受けていない者のほか、既に多少の危害を受けたが、放置しておけば更に危害が加重される状態にある者が含まれる。

✢

設例においてA巡査が、警告又は下命等を行った相手についてみると、野次馬は「その場に居合わせた者」に、ホテルの管理者及び職員は「その事物の管理者その他の関係者」に、ホテルの宿泊客は「危害を受ける虞のある者」に該当し、A巡査の避難等の措置は適法な職務行為である。

25　報告

甲警察署乙駐在所のA巡査部長は、かねてから受持区内のBさんが、A巡査部長に対し「自宅の裏にある山が、最近、雨が降るたびに少しずつ崩れてきているみたいで、雨の日が恐いですよ」と話していたことから、警らの際Bさん方に立ち寄った。
Bさんとともに裏山を見に行くと、話のとおり山崩れしているこん跡がうかがわれたので、
今後とも十分注意するよう指導した。
その二日後、思いがけない豪雨になったことから、A巡査部長は、
ザァー
Bさん方のことが心配になり、Bさん方に急行。
ズズズ
崩れかかっている！
直ちにBさんの家族に対し、いつでも避難できるよう警告を与えるとともに、
近所のCさん、Dさん方などにも山崩れの危険が迫っているため避難できるよう警告して歩いた。
また、本署に対し、状況を報告して応援要請を依頼した。
再度Bさん方へ行ったところ、徐々に裏山は崩れかけていた。
このまま放置しては山崩れで、生き埋め等の大惨事になるぞ!!
すぐさまBさん方はもちろん、付近の危難を受けるおそれのある人家へ走り、避難準備中の家族に即刻避難するよう命じた。
早く、早く!!
A巡査部長の避難等の措置後、Bさん方の裏山は地鳴りを上げて地すべりを起こしたが、

避難等の措置が早かったため、危うく難をのがれることができた。
A巡査部長は本署から応援に駆けつけた警備係長や課長に状況を報告するとともに、避難等の措置をとったことについても報告した。
A巡査部長からの報告を受けた署長は、取扱い状況をまとめて本部へ報告するとともに、公安委員会へ報告した。

キーポイント

警察官が避難等の処置をとった場合には、順序を経て所属の公安委員会に報告することとなっているが、その趣旨はなにか

報告の意義

警職法第四条第二項は、「前項の規定により警察官がとった処置については、順序を経て所属の公安委員会にこれを報告しなければならない。この場合において、公安委員会は他の公の機関に対し、その後の処置について必要と認める協力を求めるため適当な措置をとらなければならない。」と規定している。

本項は、同条第一項の規定により、警察官が処置したこと、すなわち、現場にいる者、管理者、関係者等に警告し、引き留め、避難させ、通常必要と認められる措置を命じ、又は自らその措置をとったことを公安委員会に報告し、公安委員会は、他の機関に事後処置の協力を求める措置をとるべき旨を定めている。

本項の立法趣旨は、警察官の処置が緊急行為として国民の自由、財産に強制力を加える場合であるから、特にその濫用を戒めるとともに、危険、災害の防止及び復旧に遺憾なきを期するために、警察の最高責任者である公安委員会に警察官のとった処置について詳細報告すると同時に、公安委員会は更にその後の処置について他の公の機関に対して適当な連絡措置をとることの義務を定めたと説明されている。

警職法の中で、特に本項だけにこのような規定が置かれているのは、危険な事態を抜本的・長期的に改善することが必要となるなど、警察が他の公の機関と密接な連絡を取ることが必要となる場合があるからである。

なお、危害を防止するためにこの法律による措置以外の措置を講ずることもあるが、その場合にはこの規定による報告等を要しない。

報告手続

本項の、「順序を経て」とは、指揮系統に従い、各級指揮監督者の段階を追ってという意味である。

「所属」とは、当該措置について管理権を有する公安委員会である。例えば、援助要求によって他の県の警察に派遣されている警察官については、援助を受けた県の公安委員会が、これに該当する。

「他の公の機関」とは、危険事態の処置について法令により権限と責任とを有する組織体又は施設で警察機関以外のものの意味である。例えば、種々の国の行政機関のほか、都道府県、市町村、水防団、消防団、保健所、各地区の高速道路会社、日本赤十字社などがある。

「協力を求めるため適当な措置」とは、極めてばく然としているが、警察からとる措置としては、危険事態発生の時間、場所、状況等を連絡のために通知し、さらに、その後の事態の推移について適宜情報を提供するということであろう。

設例におけるA巡査部長がとった避難等の措置については、A巡査部長から係長等へ報告がなされており、これらの報告は警察組織上の順を経て、所属の公安委員会へ報告されることとなる。

第五条　犯罪の予防及び制止

（犯罪の予防及び制止）

第五条　警察官は、犯罪がまさに行われようとするのを認めたときは、その予防のため関係者に必要な警告を発し、又、もしその行為により人の生命若しくは身体に危険が及び、又は財産に重大な損害を受ける虞があつて、急を要する場合においては、その行為を制止することができる。

26　警告・制止の意義

A巡査は深夜、交番前において立番勤務中、前方から走って来た若い男から「今この先のゲーム喫茶で友達のBが暴力団員風の男に因縁をつけられ、脅されています。すぐ助けに行ってください」との訴出を受けた。

A巡査は直ちに若い男が指示したゲーム喫茶に急行したところ、
このガキ!!

店内の奥まった所に、一人の若い男を取り囲むようにして暴力団員風の30歳位の男二人が大声で騒いでおり、その周囲には一〇名位の野次馬がこれを取り囲んで見ていた。

どうしたのだ!?

俺たちは何もしていない。おまわりに用はない、帰れ!!

一人が大声でわめきちらしてきた。

一方、もう一人の暴力団員風の男は、若い男に向かって「おまわりを呼んだのはお前の仲間か、おとしまえをつけてやる」と脅しながら、
そばにあった椅子を手に持ち、頭上に振り上げながら、今にもBに殴りかかりそうな勢いを示していた。

A巡査は、このままではBが椅子で殴られてしまうと判断し「やめろ、椅子を降ろせ！」と大声で数回警告を発した。しかし、男はA巡査の警告に従う素振りをみせず、なおも椅子で殴りかかろうとしているので、
A巡査は椅子を振りかざしている男の背後から抱き付き、頭上に持ち上げている椅子を取り上げた。

キーポイント

① 「やめろ、椅子を降ろせ」と大声で警告を発する行為
② 背後から抱き付き、椅子を取り上げる行為

警告

警察法第二条第一項は、「警察は、個人の生命、身体及び財産の保護に任じ、犯罪の予防、鎮圧及び捜査、被疑者の逮捕、交通の取締その他公共の安全と秩序の維持に当ることをもつてその責務とする。」と規定している。

警察官がその職務を執行中に犯罪が正に行われようとしている事態を現認した場合、当該犯罪の予防を行う行為は、罰則に触れる行為の発生を未然に防止することであり、警察法第二条において定められた重要な責務である。

警職法第五条は、このような警察法第二条の規定を受け、犯罪の予防のために警察官が行う警告及び制止の手段について規定したものであり、社会公共の秩序を維持するための作用である。

犯罪を予防するための「警告」とは、加害者、被害者その他の関係者に対し、注意、勧告、説諭、指示等をすることをいう。

警告は、警察官の意思の通知という事実行為であり、行政行為としての命令行為ではないから、その関係者はこれに従う法的義務はない。しかし、この警告は、警察官の正当な職務行為であるから、関係者はその警察官の警告の行為を受忍する義務がある。

制止

「制止」とは、一般的に、秩序を乱す言動をやめさせることをいうが、やめさせる行為のうち、注意、勧告、指示等言語によるものを「警告」というのに対し、実力の行使にわたるものを「制止」という。

この「制止」は、目前急迫の障害を除く必要上義務を命ずるいとまのない場合に行われる講学上のいわゆる即時強制である。

「制止」の手段・方法は、その犯罪の具体的な事態に応じ、社会通念上妥当と認められる方法をとればよく、例えば、犯罪を行おうとしている者を後から抱き止めること、その前に立ちふさがり、場合によっては突き飛ばすこと、凶器を振り上げていればそれをもぎ取ることなどが最も普

通に行われる方法である。

そうすると、設例の場合において、椅子を振り上げ、Bに殴りかかろうとする暴力行為を予防するため、その相手方に対し、当該行為をやめるよう大声を発する行為は、警職法第五条の「警告」に当たる。

また、当該犯罪行為を防止するため、その相手に抱き付き、犯行供用物である椅子を取り上げる行為は、同条の「制止」に当たる。

なお、この「制止」は、犯罪の発生と密着した事態で行われるため、犯人の逮捕と同一の時点で行われることが多いが、目的が異なれば当然その手段も異なるから、取り上げた犯行供用物を引き続き領置することはできない。

Reference

身体に危険を及ぼすおそれあるけんかを制止するため相手方を投げ倒し一時押さえつけた警察官の行為が適法とされた事例（東京高判昭三二・三・一八）

少くとも人の身体に危険を及ぼす虞ある本件喧嘩の如き緊急の場合、喧嘩の一人が巡査の口頭による喧嘩の制止に対し承服するどころか、暴力をもつて執拗に積極的な攻撃に出でたるにおいては、同巡査の右程度の実力的措置は、自己の保身を兼ねた殴り合の喧嘩制止の手段として、警察官職務執行法第五条にいわゆるその行為を制止するに出でた適法な行為というべきをもつて、甲巡査の右の如き実力的措置をもつて職権の乱用にかかる不法な所為であるということはできない。

（注　ただし、これは、相手方が警察官に対して積極的な攻撃をしてきたという事実関係を前提として、自己の保身を兼ねたものとして認められたものであって、ここまで一般的に認められるとまではいえない。）

27　警告の要件

A、B両巡査が警ら中、通行人から「今、この先の路上で、若い男が何ごとかわめきながら、刃物を振り回している」との訴出を受けた。
両巡査は、直ちに訴出人の指示する方向に急行したところ、年齢20歳くらいの男がくだものナイフを右手に持ち「俺は何も悪いことをしていないのに、何で病院に入れるんだ」などとわめきながら通行人を追いかけ回していた。

両巡査はこのままでは男が通行人に危害を及ぼすおそれがあると判断し警棒を構えるとともに、男に対し「刃物を捨てなさい。通行人を追いかけるのはやめなさい」と警告を発した。

すると、男はナイフを振り回しながら両巡査めがけて襲いかかってきた。そこで両巡査は、男を銃刀法及び公務執行妨害の現行犯人と認め、再び「暴行はやめなさい」と警告を発したが、男がなおも両巡査に襲いかかってきたので、
男を制圧して逮捕した。

ところで、男は現場の付近に居住していたが、統合失調症のため、数か月前から病院に入・退院を繰り返していたものであり、本件犯行についても責任能力は問えない状況であることが判明した。

キーポイント

① 責任無能力者の行為に対する警告
② 犯罪の継続・発展と警告

警告の要件

警職法第五条の「警告」は、「犯罪がまさに行われようとするのを認めたとき」その予防のため、必要な範囲で関係者に対して行うことができる。一般的に「犯罪」とは、犯罪構成要件に該当する有責・違法な行為をいうが、同条にいう「犯罪」は、構成要件に該当すればよく、有責性は必要ないものと解されている。なぜならば、本条の目的は、犯人を処罰するという目的のものではなく、犯罪の発生を予防して社会公共の秩序を維持するという目的のものであるからである。責任能力があるかどうかは、本人の内心の意思決定の能力にかかっているところであるが、現場における警察官の措置について、このような本人の人格に属することの判断を求めるのは不可能をしいるものである。

したがって、行政上の手段である警告の要件としては、客観的に判断できる要件でなければならず、その行為が客観的に刑罰法令に該当する行為であれば、心神喪失の者であるか、一四歳未満の者であるか、犯意や過失があるかどうかを問わず、警告することができる。ただし、違法性は必要であるので、法令又は正当な業務による行為、正当防衛又は緊急避難となる行為はその対象とならない。

また、犯罪が「まさに行われようとする」ときとは、ある行為が犯罪構成要件に該当する段階の直前の状態にあることをいう。犯罪が既遂に達し、しかもその犯罪行為が完了してしまった場合には、もはや予防手段をとる余地はなく、犯人の逮捕その他の刑事手続をとることになる。しかし、刑事手続をとることができるということは、法益侵害が更に継続又は発展しようとしている場合に、その防止手続を禁ずるということではなく、この場合、既遂の部分について刑事手続をとることはもちろん、継続、発展の部分について「警告」の措置をとることができる。

設例の場合、男が心神喪失者等の責任無能力者であったとしても、警職法第五条の「警告」の要件を充足していることは明らかであり、両巡査に対し刃物を振り回して襲ってきた際の警告についても、その行為自体は、銃刀法及び公務執行妨害罪の継続・発展であり、構成要件該当性と違法性を具備した犯罪が「まさに行われようとする」段階であることから、「警告」の要件を充足している。

28　警告の限界

甲署管内においては、いわゆるパチンコの景品買いを巡り、パチンコ店Xと地元の暴力団Y組との間でトラブルが続いており、Y組の組員が数名でX店に押しかけ、X店舗入口付近にたむろし、同店の店員に対しても「店を閉めろ」などと強要するとともに、同店の客に対しても「今日は閉店だ。帰れ」などと大声を出していやがらせを行っていた。

X店の店主乙は、いずれ暴力団のいやがらせもなくなるものと考え、じっと耐えていたが、某日も、Y組組員一〇名が押しかけ、同様のいやがらせを繰り返すほか、店内で遊技中の客に対しても「帰れ、帰れ」などと大声で騒ぎ出したので、意を決して一一〇番に通報した。

一一〇番指令を傍受したA巡査部長、B、C両巡査の三名が現場に臨場したところ、暴力団組員らは、既にX店の外に出ており、い集状況は認められず、暴力行為やいやがらせを行っている状況も認められなかった。

しかし、A巡査部長がX店店主から事情聴取しようとしたところ、再び、い集状態となって「おれたちは何もしていねえじゃねえか」などと騒ぎ出し、店舗内に立ち入ろうとした。

オラオラ!!

バッキヤロー!!

そこで、A巡査部長は組員らが店舗内に入れば、再び業務妨害事案が発生すると判断し、
直ちに他の勤務員の応援を求めるとともに、

B、C巡査を指揮し、店舗入口に横隊に並び「店内に入るな」と警告したうえ、警棒を横に構えて、組員らが店舗内に入るのを実力で阻止する体制をとった。

キーポイント
警告の手段として警棒を構える行為

警告の手段

警職法第五条に基づく「警告」は、犯罪の予防のため、加害者、被害者その他関係者に対し、注意、勧告、説諭、指示等をすることであり、警察官の意思の通知という事実行為である。

したがって、行政行為としての命令行為ではないから、警告の相手方にはこれに従う法的義務は生じないが、この警告は警察官の正当な職務行為であるから、関係者は、その警察官の行為を受忍する義務があり、これに暴行を加えて妨害することは許されない。

一般的に「警告」は、口頭、拡声機の使用、文書の伝達、掲示又は告示等によって行われるが、そのほか、身振り、手振り、警笛、サイレン、旗その他の信号などによっても行われ、場合によっては、警察官が警棒を構えて列を作ったり、縄を張ったり、白バイを走らせたり、擬音弾、発煙筒を使用するのも一つの方法であると解されている。

しかしながら、警職法第五条が、犯罪予防の手段を「警告」と「制止」に区別し、制止については更に別の要件を定めていることからしても、警告の手段として、相手方の意に反する実力の行使にわたることは許されない。

警棒を使用して警告を行った設例と類似の事案につき、判例は次のように判示して相当であるとしている。

「K巡査の行為は、右第五条に基いて昭和二一年勅令三一一号違反犯罪予防のため、当日同所に集まつた被告人等に対して自発的退散をうながすに必要な警告の方法として警棒を構えて群衆を押し寄せて行つたのであって、警棒をもつて群衆を殴るなどの不法な実力を行使したものではない。被告側の主張は、いわゆる警告の方法として警棒の使用は許されないもののように考えているけれども、警職法五条の警告はまさに犯罪が行われようとしている場合に、その予防のため発せられるものであるから、必要であると認められる場合においては、その事態に応じて合理的に判断して臨機応変の方法が採用されなければならない。したがって必ずしも文書又は口頭のみに限定される理由はない。必要ある場合には行動によって警告を発することも相当であるといわなければならない。」（大阪高判昭二七・三・二三）

設例の場合、Xパチンコ店に対する威力業務妨害事案の現場に臨場したA巡査部長は、Y組組員が、再び店舗内に入れば、業務妨害事案が発生すると判断したものである。しかも、当該現場における警察官は三名で、相手方の暴力団組員が一〇名という彼我の勢力関係において、口頭等による警告によって犯罪の予防という目的を達することが困難であることは明らかである。

したがって、このような状況においては、犯罪予防のための警告の手段として警棒を構え、Y組組員らのXパチンコ店内侵入を阻止しようとした行為は、警職法第五条の「警告」の手段として妥当な行為であると解される。

Reference

不法に警察署庁舎内に侵入しようとした者の前に立ちふさがり侵入を阻止した警察官の行為が、警職法五条の警告として適法とされた事例（神戸地判昭四〇・一一・一）

丙警部補、丁、戊両巡査部長、己、庚、辛三巡査等はその勤務する長田警察署の庁舎の警備に従事していた者であり、被告人が故なく庁舎内に侵入しようとしたので、右警察官等が同署玄関附近で立ち塞がつたのは犯罪予防のための行動であつたと認められるのであつて、警察官職務執行法第五条の警告は必ずしも文書又は口頭のみに限定せられるべきものではなく、臨機適宜の方法を採ることができるものと解すべきであるから、右警察官等の執つた行動を目して職務行為の範囲を逸脱したものとする所論に賛同するを得ない。

29　制止の要件

A、B両巡査が警ら中、顔見知りのクリーニング店店主Xさんが走って来て「おまわりさん、丁度よいところで会いました。私の家は借家ですが、まだ契約期限があるのに大家から立ち退きを要求され困ってます。
今も地上げ屋らしい男が来て、『店舗にダンプカーを突っ込む』等と脅されているところです。男はまだいますので、なんとかしてください」との訴出を受けた。
Xさんの訴出により、直ちに本署に連絡をとるとともに、同クリーニング店に急行すると、Xさんの言うとおり、
同クリーニング店前路上には、大型ダンプカーが後部を店舗側に向け、今まさに店舗に突っ込もうとして動き出しているところであった。
両巡査は、直ちにダンプカーを運転している男に対し「運転をやめろ」と警告したが、男は警告を無視し、そのまま後退を続けた。
このままでは店舗が破壊されると判断した両巡査は、A巡査が店舗とダンプカーとの間に手を広げて立ちふさがり、B巡査はダンプカー運転席側のドアを開けてエンジンを切ってキーを抜き取るとともに、
運転していた男の手をつかんで車外に連れ出した。

キーポイント

① 先行する犯罪と制止の要件の必然性
② 財産に重大な損害を受けるおそれがある場合

制止の要件

警職法第五条の「制止」は、そのまま放置しておけば犯罪となるであろう行為により「人の生命若しくは身体に危険が及び、又は財産に重大な損害を受ける」おそれがあり、かつ、急を要する場合に、当該犯罪を予防するための手段として行われる。

「制止」は、先行する行為が直接の原因となって、そのために人に対する危険や財産の損害を生ずる必然性が社会通念上認められた場合に限り行われるのであり、「人の生命若しくは身体に危険が及び、又は財産に重大な損害を受ける虞がある」とは、犯罪となるべき行為があっても、その行為を実力で制止して犯罪を防止することができるのは、直接に人身や財産に危害が及ぶ犯罪の場合に限定されるという意味である。

なぜならば、「制止」は、人身の自由を物理的に制限するものであり、しかも即時強制権限として裁判官の令状なくして行い得るものであるから、任意手段である警告の場合と異なり、犯罪の種類及び態様を限定する必要がある。また、制止の手段は、現場で行う警察官の実力行使であり、しかも即時的な判断を下さなければならないものであるから、犯罪の中でも客観的に明白に認定できる態様のものについてのみ行われるべきであるなどとされている。

また、制止の要件として「財産に重大な損害を受ける虞」がある場合とされているが、どの程度の損害が重大な損害となるか、現場における判断としては困難な問題がある。しかし、そもそもそのような困難な正確な判断を本条が求めているとは解されないのであり、結局は、健全な社会通念により、常識的に「重大な損害」であるかどうかを認定すれば足りると解されている。

設例の場合、ダンプカーによりクリーニング店に突っ込めば同店店舗が損壊することは当然であり、その行為が刑法上の建造物損壊や業務妨害罪に当たることも明らかである。

また、建造物損壊という犯罪により、同店が財産上重大な損害を受けるおそれは十分認められる。しかも当該ダンプカーは、今まさに後退を続けているとのことであり、これを予防する緊急性も十分認められるところから、警職法

第五条の「警告」「制止」の要件を充足している。

制止の手段

「制止」の方法は、例えば、犯行を行おうとする者を後ろから抱き止める、その前に立ちふさがる、場合によっては突き飛ばす、凶器を振り上げていればそれをもぎ取る、警棒を使って犯罪現場から排除する、などの方法によって行われるが、財産に対する損害の場合、特に、財産に関する犯罪の予防と相手方の人身の自由の制限との均衡がとれているかどうかを判断する必要があるとされている。

この点、A・B両巡査がとった「制止」手段は、A巡査がダンプカーと店舗の間に立ちふさがり、B巡査がダンプカーのエンジンを切ってキーを抜き取るとともに運転手を車外に出したということであるから、当該犯罪行為により生ずる財産的損害と比較し、社会通念上妥当な範囲の実力行使であるといえる。

以上のことから、結局、両巡査の「制止」行為は適法・妥当な行為であったといえる。

Reference

暴行を加えている男の背後からその手をつかみ、取り押さえようとした警察官の制止行為が、警察法二条及び警職法五条の予防制止措置として適法とされた事例（東京高判昭三八・三・一九）

右認定の事実関係によれば、巡査甲が被告人の背後からその手を摑み取り押えようとしたのは、母Cに対し現に目前で行われている被告人の暴行を制止し、且つ当時の状況下において放置すれば更に継続して行われるものと予想された次の暴行を予防しなければ、同女の身体に危険が及ぶ虞があると直感し、急速を要する場合として、実力行使に及んだものであると認められる。……該事実に徴すると、当時の情況として、母Cの身体の安全保持上、一刻の猶予をも許さないほど切迫していたことは、同巡査が靴履きのまま座敷内に踏み込んだ一事のみによつても優にこれを首肯し得べく、同巡査の被告人に対する実力行使は、原判決の認定する如く、被告人の母Cに対する暴行が既に終了し、事態が落着した後になされたものでないことが明白である。……然らば、甲巡査の被告人に対する前記実力行使行為は警察法第二条、警察官職務執行法第五条の規定に則つた犯罪の予防及び制止の措置に外ならず、これに用いられた実力行使の方法も事態に適応したもので、合理的な必要限度を逸脱していないものと認められるから、同巡査の該行為は、公務員たる同巡査の適法な職務の執行に属すること明らかである。

30　制止の限界

A、B両巡査は深夜、繁華街の裏通りを警ら中、前方から歩いてくる暴力団員風の男が急に横道に曲がったため、直ちに男を追尾し、職務質問を開始した。男は両巡査の質問に対し、住所や氏名については供述したものの、終始落ち着かない素振りで反抗的な態度を示すとともに、所持品の提示についても拒否していた。
両巡査が、男の身上関係について本署に照会したところ、男は暴力団X組の組員であり、覚醒剤取締法違反(使用)の前科を持つ者であることが判明した。

そこで両巡査は、男の前歴及び落ち着かない態度等から、覚醒剤を所持している疑いがあると判断し、本署に任意同行を求めたところ、男はしぶしぶながら同行に応じた。

本署においては刑事組対課事務室のしゃへいされた場所で暴力犯捜査係C巡査部長が事情聴取に当たり、A・B両巡査は少し離れた場所で待機していた。

ところが、C巡査部長の事情聴取に対し、供述に詰まってきた男は、突然背広の内ポケットから小さなビニールを取り出し、口の中に放り込んだ。

そこでC巡査部長は、直ちに男の口を押さえ付けるとともに、A・B両巡査の応援を求め、

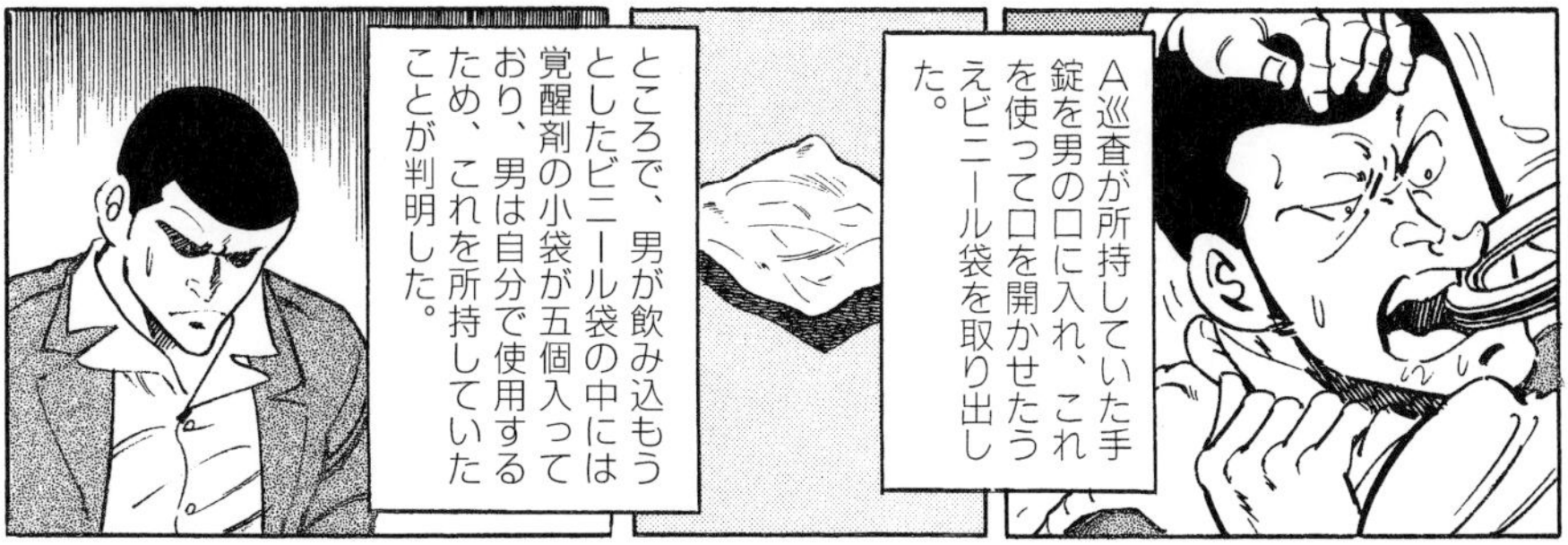
A巡査が所持していた手錠を男の口に入れ、これを使って口を開かせたうえビニール袋を取り出した。
ところで、男が飲み込もうとしたビニール袋の中には覚醒剤の小袋が五個入っており、男は自分で使用するため、これを所持していたことが判明した。

キーポイント

手錠を使用し、口腔内のビニール袋を取り出した行為

制止の手段と限界

警職法第五条の「制止」は、犯罪となろうとする行為を実力で阻止するという警察官の事実行為であって、目前急迫の障害を除く必要上、義務を命ずるいとまのない場合に行われる即時強制の典型的なものである。

「制止」の手段は、その具体的な事態に応じて、社会通念上妥当な方法で行われるべきであり、また、場合によっては、拳銃等の武器を使用することが有効であるが、この場合は、本条の要件のほかに、警職法第七条の武器使用の要件を満たしていることが必要である。

「制止」の手段の限界としては、次のような点が問題となる。

① 犯罪の遂行を防止するために必要な強さの力を用いることはできるが、必要の範囲を超えて相手を制圧することは許されない。

② 「制止」は予防のための手段であり、犯人を逮捕する行為ではないので、継続的に身柄を拘束することは許されない。その場における予防措置を講ずるための一時的なものに限られる。

③ 対象者が刀、ナイフ、包丁その他危険な物件を使用しようとしているときは、それを強制的に取り上げるのは「制止」の一方法である。しかし「制止」は、仮領置ではないから、その物件を継続的に警察官の占有に移すことはできない。危険が去れば、相手に返却するか、任意提出により保管することとなる。

すなわち、制止として行う実力行使は、その事態に応じて必要な限度に限られる。また、社会通念上で相当と認められるものでなければならない。犯罪行為を行うおそれがある時点での措置を行うものであるから、その事態が解消

した後にまで継続することはできない。
例えば、一時的に制圧し、あるいは他の場所へ連れ出すといった行為はできるが、逮捕した場合のようにこれを継続的に拘束することはできない。凶器、危険な物件を取り上げた場合でも、危険な状態でなくなれば相手方に返還しなければならない。

判例では、挙動不審者を警察署に任意同行し、事情聴取中、いきなり、覚醒剤又は劇薬入りと疑われる小袋を飲み込もうとしたので、その身体を押さえ付け、あり合わせの器具等でその口を開き、後に覚醒剤入りと判明した小袋を取り出したという設例と類似の事案につき、次のように判示して、警察官の実力行使は適法であるとしている。

「被告人の右行為は、犯罪の証拠隠滅工作であるとともに、覚せい剤の自己使用の罪の実行にも該当する行為であり、しかも、同巡査らは、それまでの経過、被告人の前歴等により、口腔内の物が覚せい剤あるいは劇薬である疑いを抱いており、かつ、それにより被告人の身体、生命に危険が及ぶことをおそれていたのであるから、被告人の薬物嚥下（えんか）を阻止し、証拠隠滅の防止及び保護の目的を達成するため、必要最小限度の実力を行使することは、警察官としての適法な職務の範囲に属するものと認められ、前記の事実関係の下において、その状況の緊急性、切迫性、実力行使の必要性、程度、方法、結果等にかんがみると、M巡査らのした前記実力行使は、やむを得ないものであって、許される必要最小限度内にあったものと認めるのが相当である。」（東京高判昭六一・一・二九）

以上のことから、設例の場合も、両警察官の実力行使は、警職法第五条による「制止」の手段として妥当な範囲内のものであったと解される。

31　警告・制止の対象

A署管内のXデパートにおいては、一か月程前から「帝国主義の手先であるXデパートをせん滅する。Zグループ」などという内容の脅迫文が郵送されていたが、
Zグループ
某日、同デパートに対し「再三にわたる我々の警告を無視しているXデパートに爆弾を仕掛けた。7時間後に五階の売場で爆発する」との脅迫電話がかかってきた。
Xデパートからの通報を受けたA署ではZグループが過去に爆弾闘争を行ったグループであることから事態を重視し、署長以下二〇名の警察官が臨場して同デパート五階売場等について検索したところ、
同階売場のゴミ箱に紙袋に入れられた、所有者不明の不審物件が発見された。
そこでA署長は、直ちに五階売場において買物中の客及び同デパート管理者、従業員に対し、五階から退去するよう警告を発するとともに、五階に通ずるすべての通路に警察官を配置し、五階へ立ち入る者すべてを制止する等の措置をとった。

キーポイント
デパートで買物中の客及びデパート管理者等に対する警告、制止

警告・制止の対象者

警職法第五条の「警告」「制止」の対象となる者は、犯罪が行われようとしている事態に直接又は間接に関係のある者である。

通常は、当該犯罪の行為者である犯人及びその犯罪の被害者となるであろうと思われる者がほとんどであるが、それらの者が未成年者である場合には、その保護者も関係者となる。

また、場所や建物その他の工作物に直接関係のある犯罪であれば、建物等の管理者、占有者、所有者、その場に居合わせた者も関係者となる。

設例の場合、「Ｘデパートに爆発物を仕掛けた」との脅迫電話があり、しかも、Ｘデパートには、一か月程前から脅迫文が郵送されており、その脅迫者が過去に爆弾闘争を行ったことのあるＺグループであることから、現実に爆発物が仕掛けられた蓋然性は高いものであったといえる。

そして、爆発物を仕掛ける行為及びこれを爆発させる行為は、明らかに爆発物取締罰則違反であり、また、当該爆発物が爆発した場合、デパートにおいて買物中の客やデパート従業員の生命、身体に危害が及び、商品等の財産に重大な損害を与えることもまた明らかである。

したがって、設例の場合、Ａ署長が爆発物の爆発による被害の発生を予防するため、Ｘデパートの管理者及び客等の関係者に対し、警告を発するとともに、同デパートの五階において、立入者に対する制止を行った行為は、警職法第五条の要件を充足している。

32 集会・集団行進等の規制

○○県公安条例においては、集会、集団行進の際には県公安委員会に届出することと規定されているが、某日、N空港の建設に反対する極左暴力集団T派の学生Xら一〇〇名は、県公安委員会に対する届出を行わず、N空港建設予定地付近の公園に集合し、約一時間にわたり集会を行った。
その後、小型トラックにより搬入した竹竿、プラカード等を携行し、五列の隊形を組み、口々に「空港建設反対」などと叫びながら公園外に出て、同公園に面した幅員約10mの道路いっぱいにジグザグ行進を開始した。当該道路は主要幹線道路であり、車両及び人の交通量は相当数あるが、Xらの集団行進により交通は完全にストップした。また当該道路は歩車道の区別はなく、Xらのデモ行進を取り巻くように約一〇〇名の野次馬や一般通行人が見ており、時としてデモに押されて道路外に避難する状況がみられた。
一方、所轄A署においてはXらの集合と同時に警察官五〇名を招集し同公園外に配備し警戒に当たっていたが、Xらが集団行進を始めたため、
部隊によってデモ隊と対峙するとともに、A警察署長名をもって当該集団行進が○○県公安条例及び道路交通法違反である旨、拡声機により繰り返し警告を発した。
しかし、Xらのデモ隊はA警察署長の警告を無視して、なおもジグザグ行進を繰り返し、交通は完全にしゃ断されると同時に、デモ隊を取り巻く野次馬や一般通行人にも危害が及ぶおそれが認められたことから、
A警察署長は警備部隊を指揮し、公園から約100m進行していたデモ隊を規制し、部隊の実力行使によって公園内に押し戻した。

キーポイント

① 集会・集団行進と警告・制止
② 警察部隊の実力行使によって無届デモ行進を公園内に押し戻した行為

集会・集団行進の規制

集会及び集団行進等に伴う公共の危険発生に際し、これを予防するための措置の根拠として、過去の判例において認められたものには、警察法第二条の警察の責務による予防措置、警職法第五条の警告・制止の措置、刑訴法第二一二条の現行犯人逮捕に伴う制止措置、及び都道府県の公安条例所定の措置規定に基づく予防措置などがある。

したがって、集団行進に伴う犯罪の予防措置は、具体的な事案に応じて必要とされる措置をとることとなるが、警職法における警告・制止措置と都道府県公安条例所定の措置規定は規制の対象を異にしている。前者は犯罪がまさに行われようとしている場合、すなわち未だ犯罪の実行される前の段階について規定したものであるのに対し、後者はすでに条例に違反した行為が行われた段階について規定したものである。

判例においては、次のように判示し、警職法第五条を根拠として警察官の職務執行の適法性を認めたものがある。

○ 無許可の集団行進を放置するときは、関係者の身体に危険が及ぶおそれが十分あったと認められ、これを公園内に押し込んだ行為は警職法五条の制止として適法である（名古屋地判昭四六・六・二二）。

○ 警察官は、いかに軽微な犯罪であっても、それが現に行われているのを認めたときはこれに対し警告を発し、それでも効果がないときは実力をもってその行為を制止することができる（山口地下関支判昭四六・一二・二四）。

○ 無届の集団示威運動により公共の危険が発生するおそれがあると判断し、公安維持のためにこれを解散せしめた警察官の措置は適法な公務執行である（福岡高判昭二七・一〇・二）。

○ 目潰しや小石を投げつけてくる条例違反の無許可集団示威行進を解散せしめた措置は警職法五条による制止行為として適法である（東京地判昭三三・五・六）。

○ 無許可でジグザグ行進をつづけるデモ隊に割って入り、これを解散させることは警察官の職務（警職法一条〜八条、警察法二条、刑訴法一八九条以下）に照らし正当である（名古屋高判昭三七・六・一五）。

設例の場合、Xら一〇〇名は、〇〇県公安条例に定められている届出及び所轄警察署長の道路使用許可を受けずに、集会及び集団行進を行ったものである。しかもXらは、道路いっぱいのジグザグ行進を反復し、その結果、当該道路の交通は全面ストップするとともに、デモ隊に随行する野次馬及び一般通行人等に危害が及ぶおそれが十分に認められたということである。

したがって、同集団の行進を阻止して道路交通法違反の罪を防止するため、警察部隊がその前方に対峙する形をとったのは、警職法第五条の警告の手段として適法な措置であり、また、警告に従わず、なおもジグザグ行進を繰り返すデモ隊に対し、その行為を放置すれば、デモに随行する野次馬や一般通行人に危害が及ぶと判断して、警察部隊によって規制し、実力行使によって公園内に押し込んだ行為は警職法第五条に基づく制止行為として適法である。

Reference

デモ隊が許可条件に違反して蛇行進を継続している場合には、警察官の裁量により現行犯逮捕にでることなく警職法五条に定める制止程度の即時強制として圧縮規制措置をとることができるとした事例（福岡高判昭四四・三・一九）

……若し彼我の人数、四囲の状況などからみて集団に対し一挙に現行犯逮捕の措置に出ると却つて混乱を増大させ、交通逼塞を免かれなくする虞があり、むしろ現に存する違法状態を事実上差し止めることで、ともかくも侵犯された交通秩序を回復し事態を平穏に帰せしめうるとみた場合は、その裁量により敢て現行犯逮捕という強力な手段に訴えることなく、これより軽度の警察官職務執行法第五条後段に定めている制止程度の即時強制の措置をとりうることとしても、決して法の精神に反することもなく、警察法第二条第二項で現に戒しめている権限濫用の場合にも当たらないと思料される。

（立入）

第六条　警察官は、前二条に規定する危険な事態が発生し、人の生命、身体又は財産に対し危害が切迫した場合において、その危害を予防し、損害の拡大を防ぎ、又は被害者を救助するため、已むを得ないと認めるときは、合理的に必要と判断される限度において他人の土地、建物又は船車の中に立ち入ることができる。

2　興行場、旅館、料理屋、駅その他多数の客の来集する場所の管理者又はこれに準ずる者は、その公開時間中において、警察官が犯罪の予防又は人の生命、身体若しくは財産に対する危害予防のため、その場所に立ち入ることを要求した場合においては、正当の理由なくして、これを拒むことができない。

3　警察官は、前二項の規定による立入に際しては、みだりに関係者の正当な業務を妨害してはならない。

4　警察官は、第一項又は第二項の規定による立入に際して、その場所の管理者又はこれに準ずる者から要求された場合には、その理由を告げ、且つ、その身分を示す証票を呈示しなければならない。

33　立入りの意義

甲署のA巡査は、受持区内の団地に居住するB女宅を巡回連絡中、隣の家で人が争うような声がするため、B女に「あれは何ですか」と質問すると、
ウルセエ～ッ!!
ヤメテ～ッ!!
隣には年老いた母親と40歳位の職人風のC男の二人が住んでおり、いつも酔っ払っては母親に乱暴するため入院したこともあるとのことであった。
トットッ
A巡査は、B女とともに隣家に赴きドアをノックしたところ、返事がないため、ドアの隙間から中をのぞくと、
ドガッ
C男が手を振りあげて母親に殴る蹴るの暴行を加えていた。
このままでは母親の身が危いぞ!!
何をする、やめないか!!
ドアを開けて室内に入り、C男の背後からその手をつかんで取り押さえようとした。
このヤロウ!!
ところが酒を飲んでいるC男は乱暴をやめないばかりか、今度はA巡査につかみかかって、
激しい格闘となった。
ドタン
バタン
ドン
A巡査は、ようやくC男を取り押さえ、公務執行妨害罪の現行犯人として逮捕した。
ガチャリ

キーポイント
相手の承諾なしに立ち入った行為

立入りの意義と限界

憲法第三五条は、裁判官の発する令状によらなければ住居を侵されない自由として、私住居不可侵の原則を保障している。しかし、私住居内であるという理由で、個人の生命、身体又は財産に対し、危害又は重大な損害が切迫しているような場合、例えば、私住居内で家人が暴行されているとか、火災が発生したというようなときに、私住居であるとの理由で令状がなければ警察官がその予防措置をとり得ないのでは、社会公共の秩序は維持できないこととなる。

したがって、このような場合に強制的に個人の住居及び公開の場所に立ち入って必要な警察措置を講ずるための手段が必要となる。

そこで警職法第六条は、個人の生命、身体及び財産の保護、犯罪の予防（警察法二条一項）のため、①危険時における強制立入権（警職法六条一項）、②公開の場所への立入要求権（同二項）を認め、あわせて立入りの際の注意（同三項）、立入理由の告知と証票の呈示（同四項）を規定し、警察の責務遂行のため一定の要件の下に一定の場所への立入権を付与している。

しかし、本条の立入りについて、令状なしで立ち入るのは憲法の保障する令状主義に反するとの説があるものの、これについては、通説・判例が示すように、憲法第三五条の令状主義と私住居不可侵の保障は、刑事手続に関するものであり、犯罪捜査とは関連のない目的で行う立入りについては、直接には適用がないと解されている。もっとも、危害防止の目的等で立ち入った後に、その場で犯罪を認知した場合は、捜査活動を行うことも、一般的にはこれに反することにはならない。

このように、警察の責務達成の手段として認められる立入りであっても、憲法の精神を尊重すべきことはもちろんであり、立入権の行使は必要最小限にとどめるべきである。

設例の場合についてみると、被疑者C男は、母親に対する暴行を継続中であり、正に「犯罪が行なわれ」、かつ「危害が切迫」している状態にある。

このようなとき、犯罪を予防し被害者を救助するのは警察官として当然の義務であり、職務執行のため相手の承諾なしに立ち入ることは危険時の立入りとして許されるものである。

34　立入りの要件

A、B両巡査は、甲駅前交番で勤務中「旅館の宴会場で仲間のお客同士がささいなことから口論となり、一人が鼻血を出している」と旅館のお客から通報があった。
A、B両巡査は、直ちに現場である旅館に急行した。
応対に出た番頭に「今、お客同士が酒に酔ってけんかをしているとの通報があった」と申し向け、立入りを要求した。

今、主人が留守なのでわかりません！

それに警察官が入ると他のお客さんの迷惑になるので困ります！

と、申し立てて立入りを拒否した。

そこへ、けんかをしていた客の連れと思われる者数人が出て来て……

警察の世話になるほどの事じゃない!!

何でもない、ただのけんかだ！

……等と口々に言って、立入りを拒否しようとしたため、両巡査は、
ちょっと調べさせてもらう！

男たちを押しのけて強制的に立入りを行い、事実関係の調査を行った。

キーポイント
立入りの緊急性と強制立入りの可否

立入り

警察官は、裁判官の発する令状によらなければ、他人の土地建物等に強制権をもって立ち入ることは許されない。しかしながら、警察官は危険な事態が発生した場合に、個人の生命、身体、財産の保護及び犯罪の予防という責務を達成するため、他人の土地建物に立ち入らなければならないときがある。そこで警職法第六条は、個人の生命、身体、財産に対し危害が切迫した場合の立入権（一項）と公開場所への犯罪予防のための立入要求権（二項）を規定している。

危険時の立入り（一項）

(1) 危険な事態の発生

危険時の立入りは、警職法第四条及び第五条に規定する危険な事態が発生した場合に認められるのであるが、第四条の危険な事態とは、「天災事変、工作物の損壊、交通事故……等」であり、第五条の危険な事態とは、「犯罪がまさに行われようとしている事態を指している。

(2) 危害の切迫

危険時の立入りが認められるためには、危険な事態の発生に加え、更に「危害が切迫」していることが必要である。もっとも、第四条に規定されているような危険な事態があれば、一般的には危害が切迫していると認められるであろうが、第五条に規定する犯罪については、必ずしも危害が切迫していると認められない場合もあることに注意を要する。

(3) 目　的

第四条及び第五条に規定する危険な事態が発生し、危害が切迫した場合に「危害を予防し、損害の拡大を防ぎ、被害者の救助」という目的で立ち入ることが許され、犯罪捜査等の目的で立ち入ることは許されない。ただし、立ち入った後に、その場で犯罪を認知した場合には、捜査活動をすることは、一般的に許される。

(4) 手段の補充性

他人の土地建物に立ち入るのは、「已むを得ないと認めるとき」でなければならない。すなわち、前記の立入りの目的を達成するためには、その場所に立ち入る以外に他に適当な手段がない場合にはじめて認められる。

そして、この危険時の立入りは、これらの要件のもとにおいて「合理的に必要と判断される限度」で認められる。

公開の場所への立入り（二項）

第一項が、危害が切迫した場合の立入りを認めたのに対し、第二項は一般的犯罪の予防を目的とした立入要求権を認めたものである。

(1) 場所・時間

公開の場所について、その公開時間中において立入りを認めるよう要求することができる。公開時間中とは、現実にその場所を一般の用に供している時間中を指している。例えば、風俗営業が時間外営業をしているような場合も公開時間中である。

(2) 目　的

第二項の立入りは、「犯罪予防又は生命身体若しくは危害予防のため」である。

なお、この要求は、その場所が公開の場所であり、かつ公開時間中であれば行うことができる。多数の人が来集するというだけで、犯罪等の抽象的な危険性があると判断できるので、具体的な危険があることを要するものではない。

(1)、(2)の要件のもとで警察官が立入りを要求した場合、管理者又はこれに準ずる者は、正当の理由なくしてこれを拒むことができず、管理者等は、この要求についての応諾義務があるものと解されている。

設例は、仲間同士の酒に酔った上での口論が高じた単純なけんかであり、しかもすでに収まっているため、危害が切迫しているとは言い難い。

したがって、危険時の立入りの要件を備えていないため、第一項による立入りは許されない。

これに対し、第二項の立入要求は、公開場所の公開時間中における犯罪の予防、危害の予防を目的とするものであり、営業中の旅館は公開の場所に当たるから、第二項を根拠とした立入要求をすることが許される。ただし、立入要求を拒否した場合には、安易に強制的に立入りを行うことは妥当性を欠くおそれがあるため、粘り強く説得した上で立ち入る必要がある。

35　危険時の立入り

A、B両巡査は、年末における金融機関の強盗事件が多発化傾向にあるため、二人一組で管内の金融機関に対する重点パトロールに出発した。
駅前の金融機関に立ち寄って防犯指導を行っていると「通行中の若い男が二～三人の暴力団員にからまれて暴行を受けたうえ、暴力団事務所に連れ込まれた」と通行人からの通報があった。両巡査は直ちに暴力団事務所に急行し、
連れ込まれた被害者を救出するため中に入ろうとしたところ、二～三人の組員が出て来て、口々に
他人の事務所にだまって入っていいのか!!
令状をもっとんのかい!!
バカヤロー!!
と言って、両巡査の前に立ちはだかり、すごんで中に入れようとしなかった。
じゃまするとと公務執行妨害で逮捕する!!
と警告し、組員を押しのけて強引に組事務所内に立ち入り、
事務所内に監禁されていた被害者を発見救出した。

キーポイント
立入りの目的と承諾のない立入り

危険時の立入りの要件と限界

警職法第六条第一項の規定する応急の場合のいわゆる緊急立入りは、「前二条に規定する事態が発生し、人の生命、身体又は財産に対し危険が切迫した場合」において許される。「前二条に規定する事態」とは、第四条に規定する「天災、事変、工作物の損壊、交通事故、危険物の爆発、狂犬、奔馬の類等の出現、極端な雑踏等」の例示で示されているような天災事変あるいは第五条にいう「犯罪がまさに行われようとしているような事態をさしている。

このような場合に、警察官は「人の生命、身体又は財産の保護」という警察の責務を遂行するためには、時として人の住居等に立ち入る必要がある。

したがって、このような事態の下で、「危害を予防し、損害の拡大を防ぎ、又は被害者を救助するため」という目的遂行のため、警察官は強制的に他人の住居等に立ち入ることが許されている。

本条において、立入権の行為について規定していないのは、この立入りが危険な事態に対処するための直接的手段ではなく、立ち入った後に必要な警察手段を講ずるための前提となる手段であるからである。この場合の立入りは、犯罪捜査等他の目的のために利用することは許されず、あくまでも危害の予防、損害の拡大防止、被害者の救助という目的に限定されている。しかし、この目的があれば、立入りが許されるのではなく、「已むを得ないと認めるとき」でなくてはならず、その程度は「合理的に必要と判断される限度」であることが必要である。

設例の立入りについてみると、現に通行人が暴力団員に暴行された上で、組事務所に連れ込まれており、被害者の生命、身体に対しいかなる危害が及ぶかもしれない緊急の状況にあったことがうかがえる。このような事態は、正に「人の生命、身体、財産に対し危害が切迫し、危害を予防し、又は被害者を救助するため」に該当し、他人の土地、建物に対する警察官の立入りはやむを得ない場合であったと言うべきであり、たとえ、立入りを拒否されたとしても、強制的に立ち入ることは許される。また本法の危害予防等は立入りの目的を限定したもので、その効果を規定したものではないから、仮に被害者が自力で脱出した後であっても、立入りは適法妥当なものであるといえる。

36　公開の場所への立入り

A巡査の所属する甲署は、通勤通学等による乗降客の多いJR乙駅を管轄しているが、駅周辺はデパート、ショッピングセンターをはじめ、映画館、パチンコ店、ゲームセンター等の娯楽施設も多く、人通りが絶えない。

その裏通りには、バーやクラブ、スナック等がひしめき合って飲み屋街を形成するなど、繁華街となっている。

このため、けんかによる暴行傷害、恐喝等の粗暴犯や家出した少年少女の溜り場ともなっており、犯罪の温床となっている。

夏休みは、特に少年少女の家出が多く、非行に陥りやすいため、夏休みにおける少年少女の非行防止対策の一環として、一斉街頭補導を実施することとなった。

地域課のA巡査は、少年係のB巡査とともに映画館の多いC地区の街頭補導を行うこととした。

盛り場の中心にあるD映画館で、入口の従業員に警察手帳を示し、立入りの趣旨を伝えると「警察のお世話になることは何もありません」「どうしてもと言われるのでしたら入場料を払ってください」と、入場料を払わない場合は立入りを拒否する旨を申し立てた。

キーポイント
映画館に対する立入行為と、有料場所の公開性の有無

公開の場所への立入りの要件

警職法第六条第一項の立入りが緊急事態のもとでなされるのに対し、第二項の立入要求は犯罪の予防的見地から多数の客の来集する場所へ立入りを要求できることを規定したものである。

「興行場、旅館、料理屋、駅その他多数の客の来集する場所」は公開時間中においては、公開の場所とみなされ、犯罪の予防的見地からの立入りが認められている。「興行場、旅館、料理屋、駅」というのは、多数の客の来集する場所の例示であって「その他」というのは、この例示が制限列挙でないことを示している。

多数の客の来集する場所であっても、例えば、客の宿泊している旅館の個室や従業員の部屋は、私住居に準ずる場所であって、第一項による立入り以外許されず、また、特定の者のみを対象とした集会やパーティー等も公開性が認められないとされている。

第二項における公開の場所への予防的立入りの目的は、「犯罪の予防又は人の生命、身体若しくは財産に対する危害の予防のため」である。

法は立入権の措置について何ら規定していないが、この規定を基に立ち入った警察官は、犯罪の予防又は生命・身体・財産に対する危害を防止するために、各種の法令によって与えられた権限を行使し、その責務を達成する上で必要な行為を行うことができる。立ち入ったことによって、特別の権限が与えられたり、権限の行使に制限が加えられることにはならない。

また、そのような場所で犯罪を認知した場合に、必要な捜査等を行うことは当然に可能である。

この立入りを行う場合において、関係者の正当な業務を害してはならないこと、管理者等から要求されたときには、その理由を告げ、その身分を示す証票を呈示する事が義務付けられていることは、危険時の立入りの場合と同様である。

警察官が立入りを要求したときは、その場所の「管理者又はこれに準ずる者」は、「正当の理由なく」これを拒むことはできない。そして、ここにいう管理者等は、その場所を現実に支配している者に限らず、管理を委任されている

者などを含む。例えば、主人が留守のときの使用人などがこれに当たる。

そもそも、公開場所の公開時間中は、その場所への出入りについて黙示の承諾があるとみなされていることから、警察官のみを対象として立入りを拒否することがないように、「正当の理由なくして」立入りが拒否できないことを明示したものである。

「正当の理由」とは、その場所、時間について公開性がないことだけをさすとされて、有料、無料を問わないとされている。

設例について、まず映画館が「多数の客の来集する場所」に当たることに問題はないが、この場合、有料であることをもって公開性が否定されるかどうかである。

この点について、料金は観覧の対価であって、料金さえ払えば不特定多数人が自由に出入りできるものであり、公開性の有無と料金の有無とは直接関係がないと解される。

したがって、有料の一事をもって公開性が否定されるものではなく、少年の非行防止のための少年補導を目的として映画館へ予防的立入りをすることは当然に許される。また、有料を理由とした立入拒否は、「正当の理由」に当たらないことは前に述べたとおりであるが、あくまで立入りを拒否する場合には、立入りの趣旨をよく説明し、粘り強く説得して立ち入る必要がある。

37　立入りの限界

A、B両巡査がパトカーで警ら中「長男の様子が突然おかしくなって暴れ出し、家族に乱暴している」との一一〇番通報があった。
現場のアパートに到着すると、アパートの前に両親と妹が立っており………
息子が急に訳のわからないことを言い出したと思ったら、突然、バットを振り回して暴れ出し、手がつけられない状態で私達にも乱暴してきたんです。
こわくなって外へ逃げだしたので中の様子はよく分かりません。
ドアは鍵がかかっており、両巡査はいっきに取り押さえようと、
ガチャ
ガチャ
ドン
ガッ
部屋の戸を蹴破って飛び込んだ。
部屋の中は家具が倒れて散乱し、窓ガラスも割れて部屋中に散らばり、足の踏み場もないほどであった。長男は、その部屋の真ん中で何やら独り言を言いながら、異様な目つきでバットを持ち、座り込んでいたので、精神錯乱者として保護し、病院に収容した。
ブツブツ

キーポイント

立入権行使の程度

立入権行使と限界

警職法第四条及び第五条に規定する「危険な事態が発生し」、しかもその危害が切迫した場合、警察官は個人の生命、身体及び財産の保護という警察の責務を遂行するため、他人の土地、建物等に立ち入って必要な警察手段を講ずる必要がある。このような手段を講ずるための前提として、警職法第六条第一項は、一定の要件のもとで相手の承諾なしに強制的に他人の住居等に立ち入る権限を認めている。

これは、危険な事態が発生した場合に、警察上の義務を課していては時機を失するか、又は義務を課すいとまがないため、直接に相手の承諾なしに強制的に立ち入ることを認めた、いわゆる警察上の即時強制である。

本条の立入権が即時強制であるといっても、それが無制限に認められるわけではなく、そこには一定の限界がある。すなわち、立入りは、あくまで危害予防、損害の拡大防止、被害者の救助という目的の範囲内でのみ認められるものである。第一項において「合理的に必要と判断される限度において」と規定しているのは、立入権行使の程度とその行使によって除去される障害の程度とが、正当な均衡を保つべきことを注意的に定めたものである。

その判断は、具体的事態に直面した現場の警察官の判断に委ねられているが、それは警察官の主観的判断によるのではなく、一般社会通念上合理的に判断して必要と思われる程度であること、つまり客観的判断が要求されている。

例えば、他人の住居等に立ち入る場合に、立入目的とは関係のない部屋にまで立ち入るのは、この限度を超えるものとして許されない。

設例については、精神錯乱に陥った長男に家族が乱暴された上、家具等の財産も損害を受けており、再び暴れはじめた場合、隣近所へも危害が及ぶことが十分予想されることから、危害防止、損害の拡大防止のため、部屋に立ち入って必要な措置を講ずることは適法な行為と認められる。

しかしながら、立入権行使の程度は、除去しようとする障害の程度と正当な均衡を保たなければならない。

この場合は入口のドアを蹴り破っているが、事態の緊急性などを総合的に判断し、合鍵を利用するなど他の方法がないかどうかについても十分に検討して立ち入るべきである。

38　他の法律による立入りとの関係

保安係のA巡査部長は管内のY酒店の店主から「甲飲食店に注文のビールを配達に行ったところ、店内に数人の女性がいて開店の準備をしていた。最近外国人女性が多くなったようで店も繁盛しているようだ」と風俗営業の許可を受けていない甲飲食店が、女性を雇い入れて接客サービスを行っていることを聞き込んだ。

BEER
甲飲食店は、以前から女性を雇い入れ、客の接待を行わせるなど無許可の風俗営業を営んでいるとの風評があり、しかも客との料金のトラブルも多く、内偵中であった。

外国人女性を雇い入れたのもそのためではないかと思われるので、後日、立入りを実施することとした。

翌日午前1時頃、A巡査部長が交番で簿冊閲覧中、酔った男性が駆け込んで「駅前の甲店でビール二本しか飲んでいないのに五万円請求された」と訴えて来た。

ちょうどよい機会であったので甲店に対する立入りを実施した。

店内には客が二〜三人いて、そのうちの一人がカラオケを歌っており、その回りに外国人女性が三〜四人座って接客行為を行っていたため、
A巡査部長は店主を無許可風俗営業で検挙した。

キーポイント
風営適正化法の立入りと競合した場合の立入行為

他の行政法規との関係

警察の責務達成のため、警職法は一定の要件のもとで警察官に立入権限を認めている。

警職法第六条第一項は、実力で立ち入ることを認めているのに対し、第二項は相手の承諾を求める任意の立入りを認め、他の行政法令にも警察官の立入権を認めたものがあり、これらの立入権の関係が問題となる。

他の法令で立入りを規定したものとして、風営適正化法、古物営業法、火薬類取締法、高圧ガス保安法、武器等製造法等がある。

これらの法令による立入りは、それぞれの法の規定する行政秩序維持を目的とした行政監督のための立入りであり、警察官に即時強制として立ち入る権限を与えたものではなく、相手方に警察官の立入要求に従う義務を負わせ、これを拒絶した者に刑事罰を課することとしているものが大半である。

この場合には、警察官は、その立入要求に従うように強く求めることはできるが、その相手方があくまで拒絶した場合には、強制的に立ち入ることはできない。また、その立入りが、その権限を認めた規定の目的を達成するために限られるのは当然である。

これに対し、警職法第六条第一項は、その目前急迫の障害除去の必要から即時強制としての立入りを認めている。

前述のように、他の法令による立入りは罰則で担保されてはいるが、相手があくまで拒否する場合について、強制的に立ち入ることはできない。この点は、警職法第六条第二項と同じ任意手段による職務権限であるといえ、両者は競合することとなる。

警職法第六条第二項は、一般的な犯罪予防、危害予防を目的としたものであるのに対し、各種行政法令による立入りは、その法令によって達成しようとする行政秩序維持の監督手段として定められたものであり、警職法第六条第二項の立入りとは一般法と特別法の関係になる。

したがって、第一義的には、特別法たる各種行政取締法令に規定する立入りの要件に基づいて権限を行使し、一般法としての警職法の立入りは、補充的に用いられることとなる。

さて、設例の甲飲食店に対する立入りについてみると、甲飲食店は「多数の客の来集する場所」に当たり、さらに、女性を多く雇い入れているということから無許可風俗営業の「犯罪」を行うおそれがあると認められるため、この犯罪予防のために立ち入ることは警職法第六条第二項の要件を充足する。

これに対し、風営適正化法第三七条第二項は、警察職員に風俗営業、店舗型性風俗特殊営業、無店舗型性風俗特殊営業のうちいわゆるデリバリーヘルス営業、店舗型電話異性紹介営業又は特定遊興飲食店営業の営業所、さらに、深夜における酒類提供飲食店などに対する立入権を認めている。本条の規定は、「風俗営業」及び「深夜飲食店営業者」が許可の内容どおり営業しているかどうか、行政指導を目的として行うものである。

したがって、設例のように無許可の風俗営業所は、「深夜における飲食店営業所」への立入りを根拠として行うことになる。

なお、この場合の立入りは、警職法第六条第二項の立入りと競合するが、特別法である風営適正化法第三七条第二項を根拠として立入りを行うこととなる。

（武器の使用）

第七条　警察官は、犯人の逮捕若しくは逃走の防止、自己若しくは他人に対する防護又は公務執行に対する抵抗の抑止のため必要であると認める相当な理由のある場合においては、その事態に応じ合理的に必要と判断される限度において、武器を使用することができる。ただし、刑法（明治四十年法律第四十五号）第三十六条（正当防衛）若しくは同法第三十七条（緊急避難）に該当する場合又は次の各号のいずれかに該当する場合を除いては、人に危害を与えてはならない。

一　死刑又は無期若しくは長期三年以上の拘禁刑に当たる凶悪な罪を現に犯し、若しくは既に犯したと疑うに足りる充分な理由のある者がその者に対する警察官の職務の執行に対して抵抗し、若しくは逃亡しようとするとき又は第三者がその者を逃がそうとして警察官に抵抗するとき、これを防ぎ、又は逮捕するために他に手段がないと警察官において信ずるに足りる相当な理由のある場合

二　逮捕状により逮捕する際又は勾引状若しくは勾留状を執行する際その本人がその者に対する警察官の職務の執行に対して抵抗し、若しくは逃亡しようとするとき又は第三者がその者を逃がそうとして警察官に抵抗するとき、これを防ぎ、又は逮捕するために他に手段がないと警察官において信ずるに足りる相当な理由のある場合

39　武器使用の意義

深夜、コンビニエンスストアに二人組の強盗が押し入り、拳銃を一発発射して売上金一〇万円を強奪して逃走した事件が発生した。
警ら中のA巡査は直ちに現場方向に急行し、犯人の逃走経路の検索を行っていると、
現場方向から駆け足でやってくる二人連れの男を発見した。物陰で近づいてくるのを待っていると、
手配の人相、着衣に酷似しており、犯人との疑いを強めたが、拳銃を所持して逃走していることから、拳銃を使用しての抵抗が十分予想された。
!!
止まれ
!!
A巡査はあらかじめ拳銃を取り出して右腰につけ、
一人が上着ポケットに手を入れようとしたため、
動くな!!
と機先を制し、職務質問を行った。

間もなく応援に駆けつけたパトカー勤務員と協力して、
所持品検査を行ったところ、上着内ポケットに拳銃を所持していたため、
拳銃不法所持の現行犯人として逮捕した。

キーポイント
あらかじめ拳銃を取り出す行為と武器の使用

武器使用の意義

武器は、人を殺傷する性能を有し、主として人を殺傷する用途に供する目的をもって製作された器具である。

この、武器を「使用する」とは、本来の用途、すなわち人を殺傷するために用いることをいい、銃砲であれば、殺傷を目的として人に向けて撃つ、刀剣であれば切る、刺す等により人を殺傷させることである。

しかし、必ずしも本来の用い方によって殺傷することだけが使用に当たるわけではなく、拳銃の台尻で打って傷害を与える、あるいは刀でみね打ちにするなども武器の使用となる。

警職法第七条は、武器の使用について、使用（危害を加えない使用）要件と加害（危害を加える使用）要件を規定しており、人に危害を加えないような武器の使用も予定していることになる。例えば、拳銃を人に向かって構えること、車で逃走する車両のタイヤを狙って撃つこと、威嚇のため上空に向けて撃つことなどの行為も使用に含まれる。

拳銃を「取り出す」行為については、使用を前提としての準備行為であるため、未だ使用には含まれない。警察官等拳銃使用及び取扱い規範（以下「規範」という。）は、あらかじめ取り出しておくことのできる場合について、「使用」とは区別して規定している（第四条）。

したがって、設例の場合のように、使用が予想されるためあらかじめ取り出しておくような場合については、あくまでも使用の準備行為であって、武器の使用には当たらない。ただ、使用に当たらないからといってむやみにこれを取り出すことは許されず、規範が「拳銃の使用が予想される場合」という制限規定をおいていることに注意しなければならない（第四条）。

40　武器使用要件

A、B両巡査は午後10時頃、パトカーで管内を警ら中、駅前パチンコ店の裏で30歳くらいの男がけんかをしているとの一一〇番指令を受けた。現場に到着すると、一見職人風の男が包丁を手にして暴れており、両巡査を見るなり「ポリ公には用はない、帰れ」などとわめきながら包丁を振りかざして近づいて来た。
バッキャロー!!
両巡査は警棒を構えながら「包丁を捨てろ」と警告したが、聞き入れようとしないばかりか、包丁を構えて突きかかって来たため、
A巡査は後退しながら避けようとしたところ、誤って転倒してしまった。
これを見た男は、包丁を振りかざして倒れたA巡査に襲いかかろうとしたため、
包丁を捨てろ!!
A巡査の身の危険を感じたB巡査は、拳銃を取り出して構え「包丁を捨てろ」と警告した後、
上空に向けて一発威嚇射撃した。
すると男は、今度はB巡査めがけて向かって来たため、再度警告した後、
ぶっ殺すぞッ!!
地面を狙って一発発射すると、

男は一瞬立ち止まり、包丁を捨てて逃げ出したため、
追跡して、
現行犯逮捕した。

キーポイント
自己以外の警察官に対する防護及び公務執行に対する抵抗抑止のための威嚇射撃

武器使用の要件

武器の使用は、人を威嚇し、あるいは人を殺傷することを主たる目的とするものである。

したがって、基本的人権である人の生命、身体に危害を及ぼしたり、自由を侵害したりすることが多いので、その使用は厳格に制限され、真に必要やむを得ない場合にのみその使用が許されるものである。

警職法第七条は、武器使用が許される要件を明確に定め、その濫用を戒めている。

武器を使用する場合の要件は、使用（危害を加えない使用）要件と加害（危害を加える使用）要件との二つに分けることができる。

このうちの使用要件とは、武器使用の一般原則に関する要件であり、

①　犯人の逮捕又は逃走の防止
②　自己又は他人に対する防護
③　公務執行に対する抵抗の抑止

の三つの要件のいずれかに該当し、「必要であると認める相当の理由」のある場合に、「その事態に応じ、合理的に必要と判断される限度」において使用することが許される。

「犯人」とは、逮捕、勾留、勾引及び収容の対象となる被疑者、被告人及び有罪判決の確定した既決者をいい、「逮捕」には、勾引状、勾留状及び収容状の執行も含まれる。

ここで注意しなければならないのは、武器を使用するに当たって、「その事態に応じ合理的に必要と判断される限度」でなければならないということである。

設例については、相手は凶器を所持しており、A巡査の防護や公務執行に対する抵抗の抑止のため、まず拳銃を構えて警告し、その上で威嚇射撃しており、適法な使用と

解される。

ただし、足元の地面に向けて撃った場合、誤って相手が負傷したりすると、加害要件を備えていなければ、違法な使用となることに注意しなければならない。

前記、使用要件の①②の場合には、「抵抗の抑止」という要件なしに武器の使用が認められるので、たとえ抵抗がない場合であっても必要と認められる限りにおいては、武器の使用は可能である。しかし、③の場合については、抵抗の抑止が使用要件とされていることに注意しなければならない。

Reference

警察官がけん銃を使用して人に危害を加えた場合、そのけん銃について法規に定める注意をいささかも怠らなかったことが証明されない限り、加害について警察官に違法かつ過失があったものと推定されるとした事例（東京地判昭四五・一・二八）

警察官の武器、特にけん銃の使用については、その使用の限界ならびに注意義務が明定されて、その使用、取扱いについて厳格な注意が要請されているのであるから、警察官が武器、特にけん銃を使用して人に危害を加えた場合には、当該行為者側においてそのけん銃の使用が適法な行為であること、あるいは前示の注意義務をいささかも怠らなかったことを証明しないかぎり、警察官の当該けん銃の使用は、違法でありかつ過失があったものと推定するのが相当である。

41　加害要件

A巡査は、深夜、管内の飲食店街を警ら中、酒に酔った暴力団員風の若い男二名が反対方向から歩いてくるのを認めた。暴力団員風の男のうち、甲が「ポリ公」などと因縁をつけながらA巡査の前に立ちふさがって行手をさえぎったため「じゃまをするな」と注意すると、
BAR
あみもと
「上等だ」などとすごみ、道を開けようとしないため「公務執行妨害で逮捕するぞ」と警告すると、
やれるものならやってみろ!!
と言いながら、付近の飲食店に飛び込んだ。
甲は飲食店から包丁を持ち出し、
「やってやる」と言いながら、包丁を正面に構えてA巡査に向かって来た。
A巡査は、警棒を構えながら「包丁をすてろ」と警告したが、なおも詰め寄って来たため、このままでは自己の身に危険が及ぶと判断し、拳銃を取り出した。
拳銃を構えながら、さらに「包丁を捨てろ」と警告した。
……だが、応じないため、上空に向けて、
一発威嚇射撃した後、さらに足元を狙って威嚇射撃したところ、
足に命中……

その場にうずくまったため、
応援に駆けつけたパトカー勤務員と協力して、現行犯逮捕した。

キーポイント
相手に向けて威嚇射撃し、危害を与えた行為

武器使用と加害要件

武器の使用は、人の生命、身体に危害を及ぼすもので、警察の責務達成手段の中で、最強の実力行使であり、基本的人権に関わる重大な事柄であるため、その使用は厳格かつ真に必要やむを得ない場合に限られなければならない。

警職法第七条は、このような趣旨から武器を使用してもよい場合を規定し、さらにそのただし書において、一般的使用が認められる場合においても、正当防衛、緊急避難又は特に法の定めた場合以外は、人に危害を加えてはならないと厳格に規定している。

しかし、このような事態の場合であっても、積極的に人に危害を加えてもよいというのではなく、もし使用したことにより傷害を与える結果となったとしても、緊急やむを得ない場合は、正当防衛、緊急避難又は正当行為として違法性が阻却されることを規定したのである。

したがって、これらの場合以外に武器を使用して危害を加えた場合は、違法な武器の使用となる。

本条は、ただし書において加害（危害を加える使用）要件を次のように規定している。

① 正当防衛、緊急避難に該当する場合

② 犯人の逮捕等において、次のア〜ウのいずれかに該当し、かつ、これを防ぎ又は逮捕するために他に手段がないと警察官において信ずるに足りる相当な理由のある場合

ア 死刑又は無期若しくは、長期三年以上の拘禁刑に当たる罪（緊急逮捕し得る罪）であって凶悪なものを現に犯し、若しくは既に犯したと疑うに足りる十分な理由のある者が、その者に対する警察官の職務の執行に対して抵抗し、又は逃走しようとするとき

イ 逮捕状により逮捕し、又は勾引状・勾留状を執行

する際その本人がその者に対する警察官の職務の執行に対し抵抗し、若しくは逃亡しようとするとき
ウ　ア又はイの逮捕等を行おうとする場合に、第三者がその者を逃がそうとして警察官に抵抗するとき
「凶悪なもの」とは、死刑又は無期若しくは長期三年以上の拘禁刑に当たる罪のうち、人の生命若しくは、身体に危害を及ぼすおそれがあり、又は著しく人を畏怖させるような態様で行われるものと解されているが、警察官等拳銃使用及び取扱い規範第二条第二項ではこれを具体的に例示している。

設例の武器使用についてみると、相手は暴力団員風の男二名であり、当初から挑戦的態度で、一名が包丁を手にして今にも突きかかろうとする姿勢を示している。すなわち、前記②アに該当し、しかも危害が切迫している場合で、他に手段がないこのような事態のもとでは、たとえ足元を狙って威嚇射撃した弾が誤ってその足に命中して危害を加えたとしても、加害要件を具備しているといえるため、その違法性は阻却されることになる。

Reference

凶悪な犯罪を犯したと認定できないデモ隊員の足元を狙ったけん銃発射は法第七条の規定に該当しないとされた事例（大阪地判昭三五・五・一七）

デモ隊に参加した原告の行為が、法第七条のうち何号に該当するかについてはこれを断定するに足る証拠がなく、したがって原告の右行為を以て警察官職務執行法第七条ただし書第一号に定める死刑又は無期若しくは長期三年以上の自由刑に当たる凶悪な犯罪と断定することができない。その他全証拠によっても被告の抗弁事実を認めるに足る証拠はない。

42　武器使用の対象

逮捕状の発付を得ている自動車盗被疑者が、立回り先に立ち回ったとの通報を受けたA巡査は、被疑者を逮捕するため、立回り先の愛人宅に急行した。周辺の聞き込みから被疑者が在宅していることを確認したのち、
愛人宅に赴き被疑者に窃盗容疑で逮捕する旨を告げると、やにわに逃亡を企てた。
A巡査は「逃げるな」と警告するとともに直ちに追跡を行った。
しばらく追跡すると、被疑者の足が次第に遅くなり、
川に追いつめたところでついに逃走をあきらめ、
振り向きざま背広内ポケットからあいくちを取り出し、
抵抗する姿勢を示した。A巡査は「あいくちを捨てろ」と警告したが、あいくちを体の正面に構えて突きかかる姿勢を示したため、警棒では防ぎきれないと判断し、
拳銃を取り出して警告したのち、
地面に向かって威嚇射撃したところ、
誤って被疑者の足に命中し、負傷させてしまった。

キーポイント
自動車窃盗被疑者に対し逮捕状を執行する際に、武器を使用して危害を与えた行為

武器使用の対象

警職法第七条は、警察官の武器の使用を認めているが、これは警察官が「個人の生命、身体又は財産の保護」という警察の責務を遂行するため、最後の手段として凶悪犯人の逮捕等に際して、やむを得ず拳銃を使用しなければならない場合があるからである。

しかしながら、武器の使用は、国民の基本的人権である生命、身体に対するものであるため、その使用に当たっては慎重を期さなければならない。

本条が武器の使用について、厳格な要件を定めることによって使用の対象を明確化しているのも、その濫用を戒めるためである。

武器使用の対象については、本条の武器使用要件に該当する者がすなわち武器使用の対象となる。

危害を加えない使用の対象

(1)　犯　人

武器使用の対象は「犯人」であることであるが、これは通常逮捕、緊急逮捕、現行犯逮捕の対象となる被疑者及び勾引状、勾留状、収容状執行の対象となる者を指している。

(2)　自己若しくは他人に危害を加える者

危害を加えようとする者から、自己若しくは他人を防護するために武器の使用が認められているのであるから、使用の対象となるのは、自己若しくは他人に危害を加え若しくは加えようとしている者である。

(3)　公務執行に対し抵抗する者

警察官の適法は公務執行に対し、抵抗する者が武器使用の対象となる。しかし、この場合の公務執行は実力行使が許される職務執行に限られることに注意しなければならない。

危害を加える使用の対象

(1)　正当防衛、緊急避難に該当する者

正当防衛は、「急迫不正の侵害」から自己又は他人の権利

を防衛するため武器の使用が認められているのであるから、使用の対象は「急迫不正の侵害」を及ぼす者ということになる。これに対し、緊急避難は「現在の危難」を避けるための行為であって、その危難の正不正を問わないため、この場合の使用対象は、危難に現在した第三者ということになる。

(2) 凶悪な罪の犯人等及びその犯人を逃がそうとして抵抗する者

警察官等拳銃使用及び取扱い規範第二条第二項に例示されているような凶悪な罪を犯した犯人等が使用の対象となるわけであるが、さらにその犯人を逃がそうとして警察官に抵抗する者も武器使用の対象となる。

✣

設例の自動車盗犯人は、あいくちを示す以前は凶悪な罪の犯人とはいえないため、危害を加えない武器の使用が許されるのみである。このような場合に、威嚇し誤って危害を加えた場合は違法な使用となる（逮捕状による逮捕の場合については、罪種についての制限はない。）。

しかし、あいくちを示すなどして抵抗しているのであるから、加害要件に該当する対象であるといえる（規範第二条第二項三のハ）。

したがって、たとえ誤って危害を加えたとしても、加害要件を充足する限りにおいては、違法性の問題を生ずることはなく、武器を使用して危害を加えたとしても許される対象といえる。

43　武器使用の必要性

パトカー勤務のA、B両巡査は、酔っ払って通行人にからんで、相手にケガを負わせた犯人を傷害の現行犯で逮捕した。
被疑者を本署に同行するため両手錠をかけ、B巡査が被疑者の左側に位置してパトカー後部座席に乗車し、本署に向かった。
本署に同行中、被疑者が車内で暴れ出し、窓ガラスを開けて身を乗り出し、
走行中のパトカーから飛び降りようとした。B巡査は必死で被疑者の体を押さえて制止しようと力をふり絞ったが、
被疑者の力が強く、制止を振り切って車外に飛び出し、逃亡を図った。
両巡査は直ちにパトカーを停止させ、
被疑者を追跡したが、
被疑者は両手錠のまま追跡を振り切ろうと、たくみに住宅街の中を走り回り、なかなかつかまえることができなく、

A巡査は、このままでは逃走されてしまうと判断し、拳銃を取り出して「逃げると撃つぞ」と警告した後、
立撃ちの姿勢で一発発射したところ、被疑者の足に命中し、その場に転倒した。

キーポイント

両手錠で逃走した犯人を逮捕するために武器を使用することの必要性

武器使用の必要性

警察官は、職務を執行するに当たって必要がある場合、警職法第七条を根拠に、一定の条件の下で武器を使用することが認められている。しかし、たとえ形式的に武器使用の要件を充足する場合であっても、武器を使用することにより失う法益との権衡を考えて、使用の必要性を判断しなければならない。

警察は、千変万化する様々な状況の下で武器使用の必要性の判断を求められる。

したがって、どのような場合に、どんな種類の武器をどのように使用すべきかについて、あらかじめ規定しておくことは不可能である。このため警職法第七条は、武器使用に当たっての要件を明確化するとともに、個々具体的な事態において、警察官の最も的確な判断を要求している。そこで警職法は、使用要件のほかに「必要であると認める相当の理由」のある場合として、さらに必要性の判断を求め、その濫用を戒めている。

武器使用の必要性の判断は、犯人逮捕等の具体的職務を執行している現場の警察官が判断することとなるが、その判断は単に警察官の主観的判断によるのではなく、社会通念上客観的に必要性が認められるものでなければならない。

警察官が武器使用の必要性を判断する場合は、個々具体的事態に即して、最も的確な判断を行わなければならない。

この場合の判断の要素としては、犯人の行動・態度・抵抗の強弱、凶器の有無・種類、犯罪の種類・態様、危害の切迫性・程度、警察官側の態勢、被害法益との権衡、その他周囲の状況、時間、場所等が挙げられる。

例えば、犯人が逃走する場合であっても、単に逃走する場合は武器使用の必要性は薄く、反対に凶器で抵抗して逃走するときは武器使用の必要性は高いといえる。さらに急

迫不正の侵害に対し、自己又は他人を防護する場合においても、その程度、態様によっては必要性が認められない場合もある。結局のところ、これらの諸要素を総合して客観的に判断していくことになる。

設例についてみると、被疑者は傷害事件の犯人とはいえ、犯行の態様は酔った上での偶発的で単純な犯行であり、逃走するに当たっても両手錠のままでは、長時間走れる状態でもない。また、これを制圧するためには、通行人の協力を求めるなどの方法も考えられ、さらに住宅街の中で武器を使用することは、第三者に危害を与えるおそれも十分に予想される。このような状況では、「必要と認める相当の理由」があるとはいい難く、したがって、武器使用の必要性は薄いものと認められる。

Reference

ライフル銃を持った逃走犯罪者が、乗客の乗った観光用水中翼船に乗り込み乗客らを人質として警察官に発砲する行為に出た場合に、犯人逮捕のため、また船員、警察官、報道関係者、一般市民の防護のためであり、かつ正当防衛に該当するときは、警職法第七条により犯人を狙撃し、これを死に至らしめたとしても正当行為として罪にならないとされた事例（広島地決昭四六・二・二六）

船長はじめ船員に対する生命の危険、警察官及び報道関係者に対する生命の危険をそれぞれ防衛するために採った被疑者らの防衛手段は、やむを得なかったということができる。被疑者らに殺意があったといわざるを得ないけれども、それがあることによって相当性が崩れるものではなく、むしろこの場合、打撃が一段小となる体の部分を狙っていたら、船長や警察官が反撃を受けたということができる。そしてそのほかにも一般市民の生命に対する危険も現存していたのであるから、その相当性は一層強いといえる。

44　武器の意義

T大学では、学費の値上げを巡って、学生自治会と大学当局とが対立を続けており、これが発端となって学園紛争に発展していた。
一部学生が学内の講堂に机やイス等を持ち込んでバリケードを築き、徹底抗戦の構えを示している。
反戦
封鎖を解除し事態の収拾を図るため、大学当局は機動隊の出動を要請してきた。
○○機動隊のB中隊に所属するA巡査は、隊長指揮下でT大学封鎖解除のため出動命令を受けた。
A巡査の所属するB中隊は講堂内に立てこもっている学生を排除するため講堂内に入ろうとしたところ、
講堂内に立てこもった学生が、屋上からA巡査らの部隊めがけて火炎ビンや大きな石塊等、生命、身体に著しく危険を及ぼす物を多数投げつけるなど、極めて凶悪な行為を繰り返すため、
職務執行に従事している隊員の防護を図り、かつ学生らの不法行為を制止して逮捕するため、催涙ガスを多数使用し、屋上に立てこもっていた学生らを逮捕した。

キーポイント

催涙ガスの使用と武器使用の要件

武器の意義

一口に武器といっても、その種類は多岐にわたり、性能も千差万別であるが、武器は主として人を殺傷することを目的として製作された器具である。

武器等製造法では、武器とは①銃砲、②銃砲弾、③爆発物、④爆発物を投下し又は発射する機械器具、⑤その他―と定義している。

しかし、立法の趣旨の違いもあり、警職法にいう武器と、これらの解釈と必ずしも同一に解する必要はなく、銃砲以外の刀、剣、やり等も武器に含まれる。

警職法第七条は、警察官の武器使用について規定しているが、本条の「武器」は、警察法第六七条に規定する「小型武器」をいい、一般には日常携帯している拳銃を指している。もともと「武器」とは、戦車から拳銃に至る広い概念であるが、「小型武器」と限定されている点に重要な意味がある。

「小型武器」とは、個人が携帯、運搬し得るものであるが、通常、警察官が携帯していない、ライフル銃、刀、剣等も小型武器であり、本条に定める要件を充足する限りにおいては、これらの武器を適法に使用することができる。

催涙ガスの使用要件

ところで、設例のように武器の使用をめぐって問題となるのが催涙ガスの使用である。

催涙ガスは、もともと人を殺傷することを目的としたものではなく、実力行使のための一手段として使用し、催涙ガスの効果でその活動を短時間抑制するものである。その効果は一過性で、短時間で正常な状態に復し、後に何ら人的障害を残すものではないため、警職法第七条にいう「危害」を加えるものではなく、したがって、ここにいう武器には当たらないと解されている。

しかしながら、催涙ガスはその持つ効果を利用し、一時的に行動を抑制することによって、警察職務を遂行しようとするものであり、更には拡散性を有するところから第三者への影響が及ぶことも予想されるため、その使用に当たっては、警職法第七条の武器使用の要件に準じて考えることが必要であると解されている。

45　武器の所持携帯

甲県乙警察署刑事課のA巡査は、宿直勤務のため、他の宿直員とともに屋上で拳銃に弾を込めたのち、署内にある宿直員用の拳銃格納庫内に拳銃を格納し、事務室に戻った。
事務室では、昨日発生した暴力団組員の刃物による傷害事件で逮捕した被疑者に関する捜査書類の作成を行っていた。
午後7時頃、丙県の協力者から、昨日発生した暴力団組員の刃物による傷害事件で、指名手配した共犯の暴力団組員が立ち回ったとの通報があった。
相手は暴力団組員で、しかも刃物を所持して逃走していることから、A巡査は同僚のB巡査とともに拳銃を携帯して、
車で隣接の丙県に向かった。
立回り先には、通報どおり共犯者である被疑者がいたため、逮捕状を示し、傷害事件で逮捕する旨を告げると、背広内ポケットからあいくちを取り出し、
抵抗する姿勢を示した。A巡査はすばやく拳銃を取り出して構え、「刃物を捨てろ」と警告すると、
被疑者は抵抗を断念し、「勝手にしろ」と言って座り込んだため、その場で逮捕した。

146

キーポイント
管轄区域外における武器の所持携帯

武器の所持

警職法第七条は、一定の要件の下に警察官の武器の使用を認めている。

「武器の使用」が認められることは、当然に所持を前提としているのであるが、旧警察法時代は、警職法で武器の使用を規定しているのに、使用の前提である武器を所持携帯し得る旨の根拠規定を欠いていた。このため、現行警察法は第六七条で、警察官が職務を遂行するため、小型武器を「所持」することを認めている。

「所持」とは、携帯より広い概念であり、支配の意思をもって自己の支配すべき状態におくことと解され、保管、携帯、運搬等の形態がある。

「携帯」とは、所持の一態様で、所持よりは狭い概念であって、いつでも使用できる状態で身辺に置くことをいう。

通常の勤務で身に付けているのは携帯であるが、法が警察官に認めているのは、携帯という狭い概念ではなく、「所持」することを認めているのである。

設例のように、拳銃格納庫に格納されている状態は、「携帯」とはいえないが、A巡査の支配下にあるので適法に、「所持」しているといえる。また、警察官は、法に従って管轄区域外での職権行使ができるのであって、この場合に本条に従って武器の使用が認められることは当然のことである。

また、これら以外においても、警察官は管轄区域外にあるということのみでその身分を失うことはないから、拳銃を携帯することは、職務上所持するものとして、適法な所持であると解される。

警察官以外で武器の携帯等が認められているものとして、

○ 麻薬取締官――小型武器の携帯（麻薬取締法五四条七項）
○ 自衛隊員――武器の保有（自衛隊法八七条）
○ 海上保安官――武器の携帯（海上保安庁法一九条）
○ 税関職員――小型武器の携帯（関税法一〇四条一項）
○ 入国審査官、入国警備官――武器の携帯（出入国管理及び難民認定法六一条の四第一項）

等がそれぞれ法律で規定されている。

46　武器使用の形態

「サングラスに茶色のジャンパー、黒ズボンの40歳位の男がパチンコ景品交換所に拳銃を持って押し入り、拳銃を一発発射して店員をおどし、金を奪って逃走した」

との通報を受けたA巡査は、検索場所に急行し、現場方向から来る不審者の発見に努めた。事件発生後10分位した頃………

手配の人相、着衣に酷似した男が20m先の路上を小走りで駆けて来るのを発見した。

!!

男は、A巡査を見ると一瞬おどろいて立ち止まり、上着ポケットに手を入れようとしたため、
機先を制して拳銃を取り出し、職務質問を行った。

職務質問を行いながら上着ポケットをさわると拳銃らしい固いものが入っており、追及すると観念して強盗を自供したため、
その場で逮捕し、拳銃と現金を差し押さえた。

キーポイント
あらかじめ拳銃を取り出しておくことのできる場合

拳銃使用の形態

武器の使用は、警察官が実力行使できる手段の中で最強のものである反面、相手方に死傷という結果を生じさせることなどから、常に「必要最小限の使用」という大原則が前提となる。具体的には武器の使用方法が問題となるが、その方法にはどのような形態があって、直面する事態にどれを選択するかが、使用判断の中で重要な要素となる。

警職法第七条は、危害を加えない使用と危害を加える使用を予定している。また、警察官等拳銃使用及び取扱い規範（以下「規範」という。）は、拳銃を使用等する場合について、「取出し」（四条）、「構える」（五条）、「威嚇射撃等」（七条）、「相手に向けて撃つ」（八条）の四つの形態に分離し、それぞれについて判断の準則及び留意事項を規定している。

「取出し」とは、拳銃を拳銃入れ等の中から抜き出して手に持つことをいうが、取出しは、拳銃を使用するための準備行為にすぎないので、拳銃の使用には当たらない。

「構える」とは、相手に拳銃の銃口を向けることをいい、撃つための準備行為であるが、実際に撃たなくても撃つのと同じ程度の効果を有するため、威嚇としての意義は大きいものがある。

「威嚇射撃」とは、拳銃の威力によって相手を脅す目的で、上空その他の安全な方向に向けて拳銃を撃つことである。相手に向かって構えて威嚇しても目的を達せられない場合、又はそのいとまのない場合等に相手に危害を加えない方法で撃つことにより、その威嚇効果を期待するものである。この場合、相手に危害を加えるような方法で撃つ場合には、警職法第七条ただし書の要件が必要であり、その要件がないのに相手に危害を加えた場合には、違法な使用となる。

「構える」、「威嚇射撃」では目的を達せられない場合で、なお本条ただし書の要件を充足する場合には、「相手に向けて撃つ」ことができる（規範八条）。

以上のように規範では、拳銃を使用等する場合について「取出し」を含めて四つの形態があることを規定している。

設例の場合、対象者は拳銃使用の強盗犯人と酷似の男であり、逮捕行為等に当たって、拳銃の使用が予想されることから、拳銃を取り出しておく行為は、適法・妥当である。

47　武器使用の限界

A巡査は、駅前大通りの交差点に面した甲交番において勤務中、女性一人を含む数人の酔っ払いが歩道橋の下を横断しようとしているのを認めた。大通りは交通量も多く危険なため、交番備え付けのマイクで「危険ですから歩道橋を渡ってください」と注意すると、
酔っ払いは大声をあげながら甲交番方向に歩いて来た。酔っ払いはいったん、交番前で立ち止まったが、
そのうちの一人が、交番内に入って来るなり「よけいなことを言うな、若造」などと大声をあげてからんできた。そこでA巡査は、「早く帰りなさい」と外へ出そうとすると、「ふざけるな」と言ってつかみかかってきたので、
男の腕をとって外へ押し出した。すると、
男は興奮して、交番横の自転車置場にあった鉄パイプを持ち出して
甲交番のガラスを壊すなど、暴れ始めたため「やめろ」と警告したがいっこうに聞き入れようとしないばかりか、

A巡査めがけて打ちおろそうとする姿勢を示したため、身に危険が及ぶと判断し、
自己を防護するとともに、同人を追い払うつもりで、同人の右腕を狙って拳銃を発射したところ、誤って男に命中し、死亡させてしまった。

キーポイント
自己の防護のため威嚇発射し、相手に危害を加える行為

武器使用の限界

警察は、時によっては強制力をもって公共の安全と秩序の維持に当たるのであるが、その警察作用は、国民の身体、自由等に制限又は侵害を加える機会の少なくないものであるから強制力を用いるには、常に一定の限界がなければならない。

最高の実力手段である武器の使用は、国民の基本的人権である生命、身体の安全に関するものであるから、特に慎重でなければならない。このため、警職法第七条において、武器使用の要件とともにその限界を示し、濫用を厳に戒めている。

武器の使用によって、既に失われた法益は元に戻すことはできない。いかに凶悪な犯人であっても、その者が人間として有する生命、身体の自由はあくまでも尊重されなければならない。例えば、軽微な窃盗犯の逃亡を防止するために威嚇射撃をして、誤って人を殺傷することは、必要範囲の限界を超えるものである。

このように武器を使用するに当たっては、職務遂行に必要な範囲を超えることのないよう十分注意しなければならない。しかし、武器使用の予想される個々具体的な事態のすべての場合を、法に定めることは不可能である。

警職法第七条において、「事態に応じ合理的に必要と判断される限度」と規定しているのは、武器使用の限界を示したものである。これは、警察官が個々具体的事態に直面した場合に、本条の定める範囲内において、かつ、その事態における警察の責務達成に必要な限度で、しかも一般社会通念に従って、客観的に判断すべきであるとしたものである。

その判断は、現場における個々の警察官の判断に委ねられているが、それは警察官の主観によるのではなく、客観的な判断に基づくものでなければならない。

結局のところ、社会通念に照らしてその状況が急迫し、躊躇（ちゅうちょ）していてはその及ぼす被害が大きく、これを回復することができないか、困難であり、武器を使用することによる被害と比較衡量しても、使用の妥当性を失わない限度と解される。

設例についてみると、武器使用の目的は、警察官が自己の防護と酔っ払いを追い払おうとするためのものであり、たとえ危害を伴う武器の使用が許される場合においても、必要最小限度にとどめる職務上の義務があるのであって、これを怠り不注意にも上半身付近を狙って発射し、死に至らしめたことは、正当防衛の程度を超える違法な使用であるといえる。

Reference

警察官が自己防衛の措置として威かく射撃をした場合、これを行うに当たって、パトロールカーが左右に大きく揺れているため極度に身体が不安定であるような姿勢であるのに、地面におけると同様の構えで撃っても事故が生じないと軽信して発砲することは、具体的けん銃操作について過失があったものとされた事例（福岡地判昭四四・一二・二五）

右のような威かく射撃をするに当たっては、パトロールカーが左右に大きく揺れているため、極度に身体が不安定となり予想外の方向に飛弾する可能性の大きい状況にあり、かつ周辺には炭鉱住宅の建つ台地もあったのであるから、乙巡査としては、右状況下にあってはけん銃の発射に当たり他人に危害を加えないよう十分注意して仰角を保ち発砲すべきであったものである。

不自然な姿勢のまま、動揺しない地面にいる時と同様の構えで撃っても事故が生じないと軽信して発砲した結果、原告Bを負傷させたことについて、同巡査は発射に当たっての具体的けん銃操作について過失があったものということができる。

48　警棒の使用

A巡査は管内を警ら中、前日発生した強盗事件の被疑者に人相、着衣が酷似している男に出会った。男に停止を求めて職務質問をしようとしたところ、突然逃げ出したのでこれを追跡し、
袋小路に追いつめた。逃げ場を失った男は、そばにあった角材を振り回して殴りかかって来たので、
警棒を抜いてこれを防ぎ、
取っ組み合いとなった。男は組みつきながら、A巡査の拳銃に手をかけ、奪取しようとする気配を示したので「やめろ」と警告した。男は警告に応じようとせず、なお激しく抵抗して組みつき
今にも拳銃を奪われそうになったため、
警棒で男の背中を強打したところ、おとなしくなったため逮捕した。

キーポイント
警棒を使用して危害を与える行為

警棒の使用

警察官が犯人を逮捕しようとするとき、これに対し犯人が抵抗する場合、警棒で手や足を制圧することは、逮捕術の追いかけ技と同様法律に基づく正当な職務執行であり、多少の傷害を与えたとしても違法性はなく、警職法第七条に定める要件は何ら必要としない。もともと警棒、警じょう等は、人を殺傷する用途のものではないから「武器」には当たらない。

しかし、これらのものを人を殺傷する用途に用いる場合、すなわち相手方を殺傷する目的の下に使用した場合はどうであろうか。

警棒は本来の武器には当たらないものの、人の生命、身体に危害を与えることについてみると、警察官等警棒等使用及び取扱い規範第四条第二項は、加害要件を充足するときは、「警棒等を武器に代わるものとして使用することができる」と規定しており、このことを明確にしたものである。警棒等を「武器に代わるもの」として使用するとは、拳銃使用による危害に相当するような危害を加えることが予想されるような場合をいう。例えば、相手の頭部、顔面を打つ、あるいは腹部、肩を強打するなどの場合である。警棒等は、本来「武器」ではないから直接には警職法第七条の適用は受けないが、このような使用方法は、人の身体に直接に危害を加えることから、同法の趣旨を尊重して準用し、同法第七条ただし書に規定する場合に限られることとしている。

なお、この場合においても、必要最小限度の使用にとどめることに注意しなければならない。

設例は背中を強打するなど危害を加えるような用い方で使用し、そのことにより相手に傷害を与えたものであるが、このように警棒を人に危害を加えるような用い方をする場合は、武器に準ずるものとして、警職法第七条の要件に従って用いるものとされている。しかし、職務質問に対し、角棒で殴りかかる行為は凶悪な罪に該当するもので、この者の現行犯逮捕並びに拳銃の奪取防止のための使用は、加害要件に該当する。この場合に、拳銃より危害程度の弱い警棒を使用したことは適法妥当な使用と解される。

（他の法令による職権職務）

第八条　警察官は、この法律の規定によるの外、刑事訴訟その他に関する法令及び警察の規則による職権職務を遂行すべきものとする。

49　他の法令による職権職務

交通課のA巡査が、駅前交差点で交通指導の取締り中、付近住民のBさんから「隣の甲さんが、突然興奮状態になって暴れだした。奥さん一人で困っている」との訴え出を受けた。

A巡査は交通指導取締りを中断し、Bさんと甲方に赴いた。

甲方に着くと、甲は上半身裸となって何やら訳のわからないことを口走って暴れており、精神疾患を有すると認められ、傍らで甲の妻が落ち着かない様子で見守っていた。

A巡査は、このままでは妻に危害が及ぶとともに、甲自身が傷つくおそれがあると判断し、訴出人のBさんと二人で暴れる甲を取り押さえた。

しばらくすると、甲は興奮も鎮まりおとなしくなったので、保護の必要はないと判断し、妻に後日、保健所もしくは専門の病院等に相談するよう防犯指導し、
交通指導取締りの任務に復した。

キーポイント

警職法による職務と他の法令による職権職務

他の法令による職権職務

警職法は、第一条において本法の目的を明示するとともに、第八条においては、本法は、警察法第二条に規定する警察の責務遂行のために必要な手段を定めた警察権限の一般法であることと、本法に定められた各種の手段は、道路交通法その他各種の法令において定められた警察権限に対し、補充的役割を果たすものであることを明らかにしている。

つまり、警察官は本法の規定に基づいて職権職務を遂行しなければならないことと、さらに本法以外の刑訴法をはじめ、その他の法令等に規定する職権職務をも忠実に遂行しなければならないことを注意的に規定したものである。そしてその手段として、第二条から第七条までの各規定を置いている。

第八条に規定する「その他に関する法令」とは、憲法をはじめ各種法律、条約、政令、規則、府令、省令、地方公共団体の規定する条例及びその団体の長の制定する規則等を意味している。

また、「警察の規則」とは、公安委員会規則に限らず、訓令、規程その他形式のいかんを問わず、警察の内部規定をいうものであって、警察官は法令に忠実に従って職権職務を遂行すると同時に、内部規定にも従わなければならないことを明らかにしたものである。

設例は、精神障害のために自傷、他害のおそれのある者の取扱いについてであるが、警職法第三条は、応急の救護を要する場合の保護義務を規定し、精神保健福祉法第二三条は発見した場合の都道府県知事への通報義務を規定している。

A巡査は、甲の興奮も鎮まりおとなしくなったことから、保護の必要なしと判断したものである。しかし、警職法第三条による保護の必要がなくなった場合にあっても、精神保健福祉法に規定する警察官の職権職務をも、忠実に遂行しなければならず、この場合、生活安全課を通じるなどして、もよりの保健所等へ通報すべきである。

このように警職法第八条は、警職法以外の各種法令に規定されている職権職務についても忠実に遂行すべきことを規定したものである。

ヴィジュアル法学

事例で学ぶ　警職法

平成２年６月15日　初　版　発　行
平成８年10月15日　改　訂　版　発　行
平成16年２月20日　３　訂　版　発　行
平成23年４月１日　３訂版９刷発行（新装版）
令和７年３月10日　３訂版24刷発行

編　者　警察行政研究会

作　画　山口 かつよし

発行者　星沢 卓也

発 行 所　東京法令出版株式会社

112-0002　東京都文京区小石川５丁目17番３号　03(5803)3304
534-0024　大阪市都島区東野田町１丁目17番12号　06(6355)5226
062-0902　札幌市豊平区豊平２条５丁目１番27号　011(822)8811
980-0012　仙台市青葉区錦町１丁目１番10号　022(216)5871
460-0003　名古屋市中区錦１丁目６番34号　052(218)5552
730-0005　広島市中区西白島町11番９号　082(212)0888
810-0011　福岡市中央区高砂２丁目13番22号　092(533)1588
380-8688　長野市南千歳町1005番地
〔営業〕TEL 026(224)5411　FAX 026(224)5419
〔編集〕TEL 026(224)5412　FAX 026(224)5439
https://www.tokyo-horei.co.jp/

ISBN978-4-8090-1256-3